AF567891
PALAST des KÖNIGS
EINGANG zum
TAUBENVERLIES
HAUPTSTR.
BÄCKEREI
THALHEIMER
LANGER FALL
WEISSE KLIPPEN
VERLORENER
WALD

Boris Koch

Frauke Berger

Die Schöne und die Biester

- Kein Märchen -

SPLITTER

Boris Koch

Frauke Berger

Weitere Veröffentlichungen:

Koch

Der Drachenflüsterer | Heyne
Die Mondschatzjäger | Heyne
Das Kaninchenrennen | Heyne
Vier Beutel Asche | Heyne
Die Anderen | Heyne
Dornenthron | Knaur
Die Toten | Panini

Berger

Grün | Splitter

SPLITTER Verlag
1. Auflage 03/2020

Redaktion: Aylin Kuhls und Sven Jachmann
Lettering: Frauke Berger
Covergestaltung: Malena Bahro
Herstellung: Horst Gotta
Druck und buchbinderische Verarbeitung:
Aumüller Druck / Conzella Verlagsbuchbinderei

ISBN: 978-3-96219-456-7

ES WAR EINMAL IN EINEM FERNEN, SELTSAMEN LAND, DA LEBTE EIN STARKER KÖNIG MIT EINEM NOCH STÄRKEREN WILLEN.
SEIN GROSSER, PRÄCHTIGER PALAST ERHOB SICH AUF EINEM GEWALTIGEN WEISSEN FELSEN MITTEN IN DER GROSSEN UND PRÄCHTIGEN HAUPTSTADT SEINES GROSSEN UND PRÄCHTIGEN LANDES.
ER HATTE EINE WUNDERSCHÖNE FRAU, DIE IHM GEHORSAM, TREU UND SEHR ZUGETAN WAR.
ZU SEINEM GLÜCK FEHLTE EINZIG EIN GESUNDER SOHN, DEM ER SEIN KÖNIGREICH EINST WÜRDE VERERBEN KÖNNEN.
KAUM HATTE ER DIESEN WUNSCH GEDACHT, WURDE SEINE FRAU SCHWANGER – DER KÖNIG HATTE WAHRHAFT EINEN STARKEN WILLEN.
WÄÄÄÄÄÄÄÄÄ

WIE GEHT ES
MEINEM KLEINEN
PRINZEN...?

DU MEINST,
DEINER PRINZESSIN...

WAS?!

ICH BRAUCHE
EINEN SOHN!
EINEN SOHN UND
THRONERBEN...

... KEINE TOCHTER!

HIERMIT REICHE ICH
DIE SCHEIDUNG EIN.
VERSCHWINDE, AUF
DER STELLE!
ABER... DAS IST
DOCH DEIN KIND!

NEIN, ICH WILL
EINEN SOHN, UND
ICH BEKOMME IMMER
MEINEN WILLEN!
PRIVAT

»UND WAGE ES NICHT,
JEMALS MIT EINEM
ANDEREN KINDER ZU
BEKOMMEN.
WER EINMAL MEIN
WAR, SOLL NIE EINEM
ANDEREN GEHÖREN.«

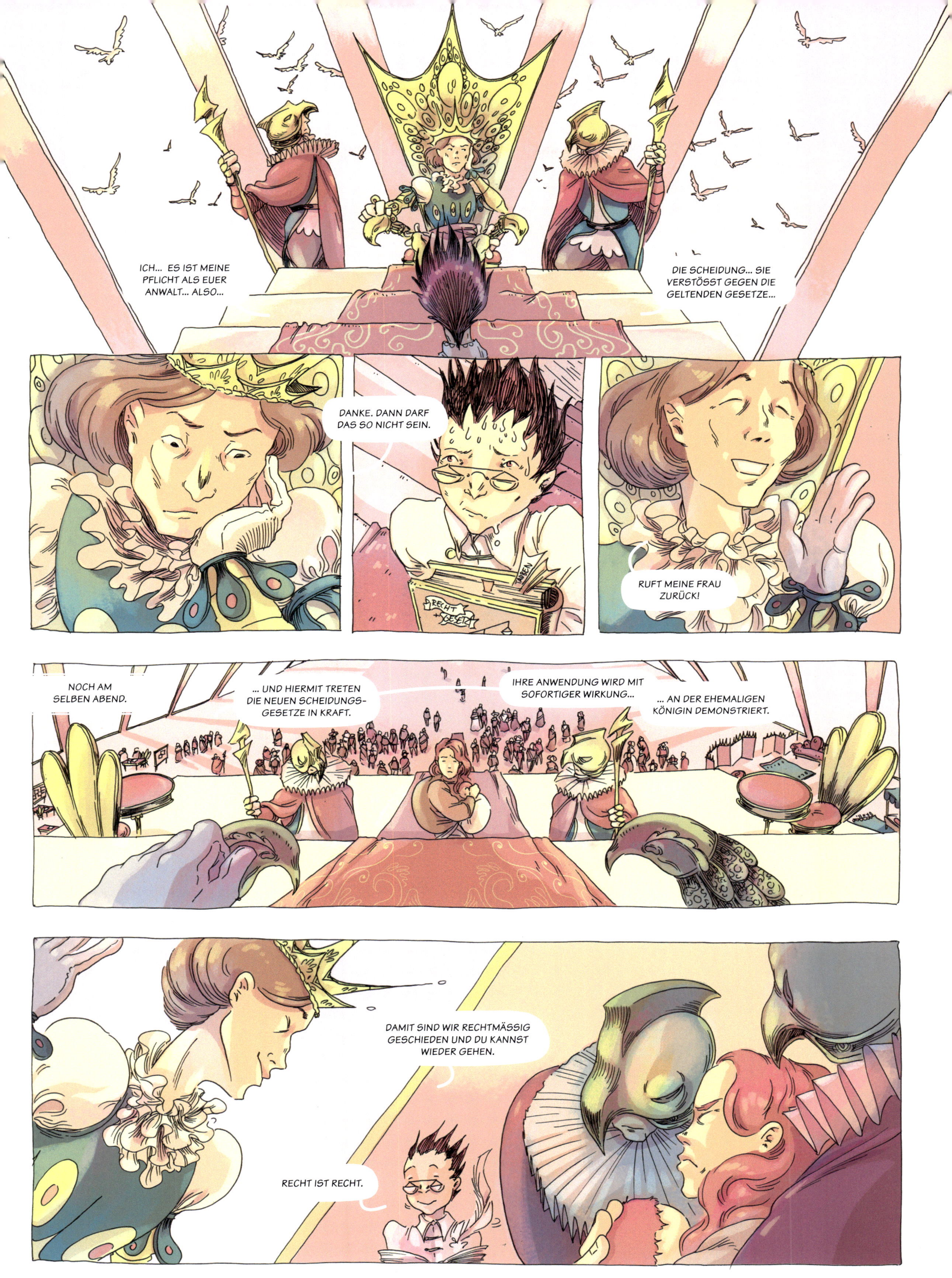

ICH... ES IST MEINE PFLICHT ALS EUER ANWALT... ALSO...
DIE SCHEIDUNG... SIE VERSTÖSST GEGEN DIE GELTENDEN GESETZE...

DANKE. DANN DARF DAS SO NICHT SEIN.
RUFT MEINE FRAU ZURÜCK!

BALD HEIRATETE DER KÖNIG ERNEUT, UND RASCH WAR DIE ZWEITE FRAU SCHWANGER.

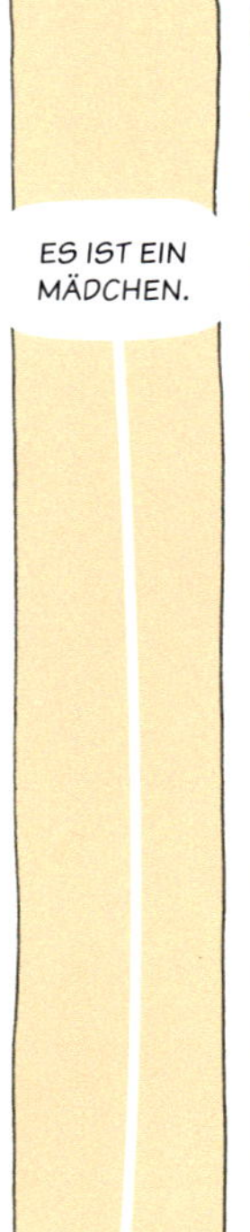
ES IST EIN MÄDCHEN.

DREI GALT ALLGEMEIN ALS GLÜCKSZAHL, DOCH...

WIEDER EIN MÄDCHEN.

SOWOHL DER HOFMATHEMATIKER LEONARDO RADIKS ALS AUCH DES KÖNIGS POLITISCHER BERATER VULPES VON DER WEIDE BRACHTEN NACH DER FÜNFTEN SCHEIDUNG IHRE BEDENKEN VOR.
AH – STATISTISCH GESEHEN BRINGEN DIE MEISTEN FRAUEN TÖCHTER UND SÖHNE ZUR WELT.

WÜRDET IHR NICHT ZEIT SPAREN, WENN IHR AUF EIN ZWEITES KIND WARTET, STATT DIE FRAUEN SOFORT ZU VERSTOSSEN?
TÖCHTER SIND WICHTIG. WEN WOLLT IHR SONST MIT EUREN NACHBARN VERHEIRATEN?
IHR HABT BEREITS GENUG KINDER, UM MIT FÜNF LÄNDERN FRIEDEN ZU SCHLIESSEN, IHR SOLLTET DEN WERT EURER TÖCHTER NICHT UNTERSCHÄTZEN.
PLAN

NIEMAND RIET DEM KÖNIG NUN MEHR IRGENDWAS, DENN ER WITTERTE ÜBERALL VERRAT UND SPOTT.
ABER ER FAND EINE SECHSTE FRAU.

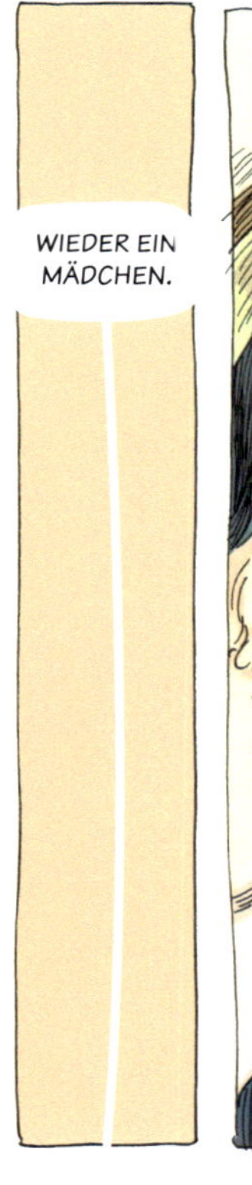
WIEDER EIN MÄDCHEN.

UND ER FAND EINE SIEBTE.

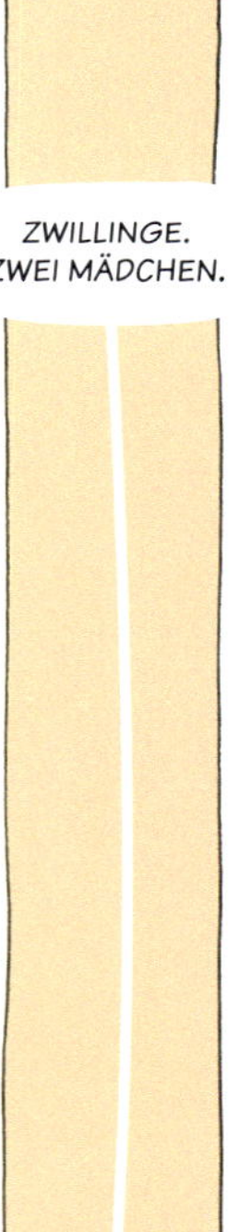
ZWILLINGE. ZWEI MÄDCHEN.

EINE VIERTE FRAU WAR
SCHNELL GEFUNDEN.

AUCH EIN
MÄDCHEN.

NEUE FRAU, NEUES GLÜCK.

NOCH EIN
MÄDCHEN.

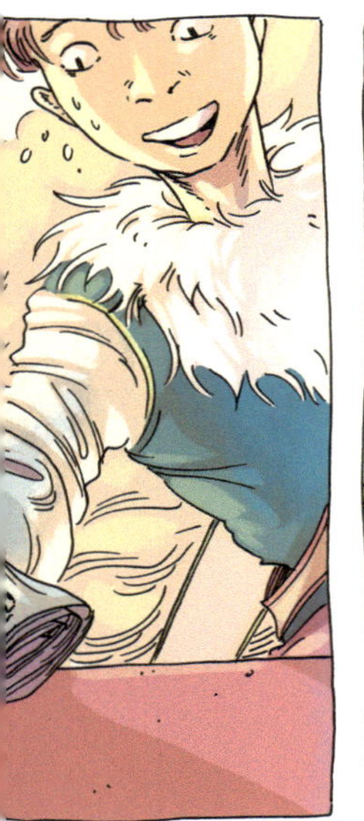

PAH! WAHRSCHEINLICHKEIT!
LASS MICH ZUFRIEDEN MIT SOLCHEM
WISSENSCHAFTLICHEN FIRLEFANZ.
EINE KÖNIGIN HAT MIR EINEN
ERSTGEBORENEN SOHN ZU
SCHENKEN, KEINE TOCHTER.
EINEN ERSTGEBORENEN! DAS
ALLEIN IST IHRE AUFGABE.

UND DU, DU REDEST
WIE EIN WEIB!
MIT FÜNF FÄHIGEN
SÖHNEN KÖNNTE ICH DIE
LÄNDER EROBERN!
TOK
TOK

DA ENDLICH, ALS NIEMAND
MEHR DARAN GLAUBEN
WOLLTE, GESCHAH ES…

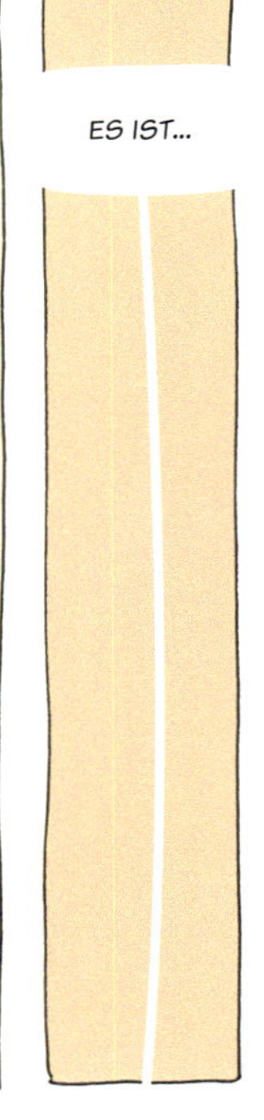
ES IST…

EIN SOHN!

DIE FREUDE IM PALAST KANNTE KEINE GRENZEN. ACHT TAGE LANG WURDE AUSGELASSEN GEFEIERT UND ZAHLREICHE GRATULANTEN ERSCHIENEN - EINGELADEN ODER NICHT.
AUF PRINZ CASTELLJAN.

AM ACHTEN TAG.

DA! DA OBEN!

NA, WELCHER DIESER HÜBSCHEN MÄNNER MÖCHTE MIT EINER ECHTEN FEE TANZEN?

ICH!
ICH!
ICH!
ICH AUCH!

ICH AUCH!
BITTE HIER!
ABKLATSCHEN!
UND DIE FREMDE FEE WECHSELTE VON TANZPARTNER ZU TANZPARTNER.
JETZT ICH!

TANZTE SIE NICHT, TRANK SIE.

HICKS!
HICKS!
OH...!

HAST DU DIE GESCHENKE FÜR DEN PRINZEN GESEHEN?
OH, JA. DAS KLEINE GOLDENE SCHWERT IST SO NIEDLICH!

HÖRT ALLE MAL GUT ZU!

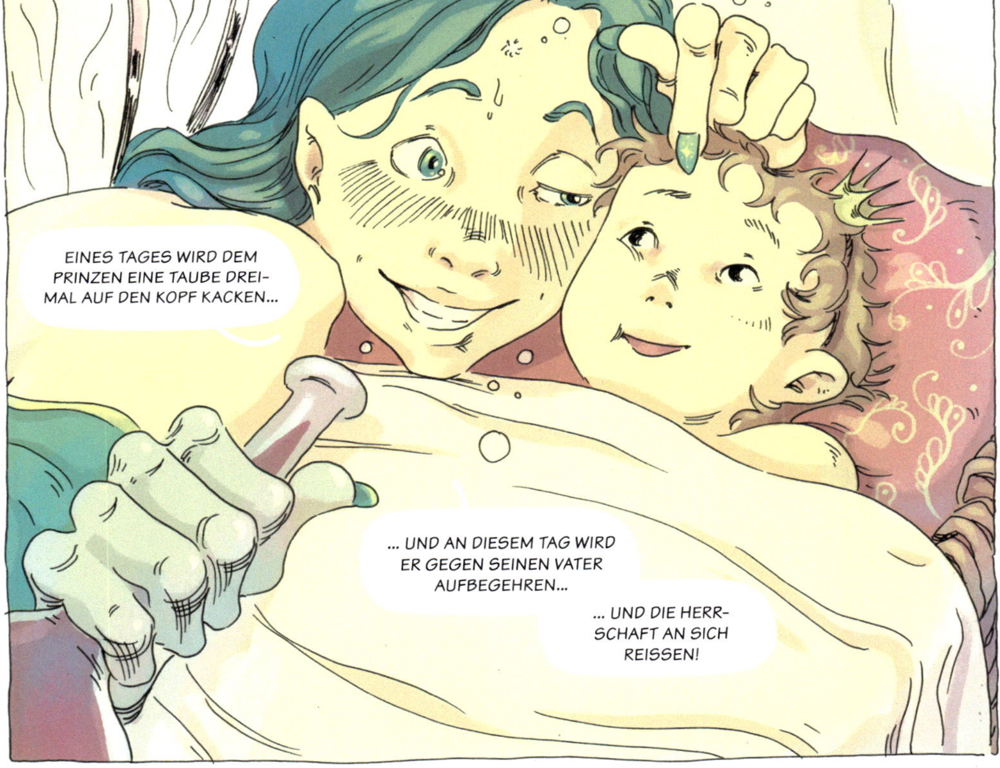
EINES TAGES WIRD DEM PRINZEN EINE TAUBE DREIMAL AUF DEN KOPF KACKEN...
... UND AN DIESEM TAG WIRD ER GEGEN SEINEN VATER AUFBEGEHREN...
... UND DIE HERRSCHAFT AN SICH REISSEN!

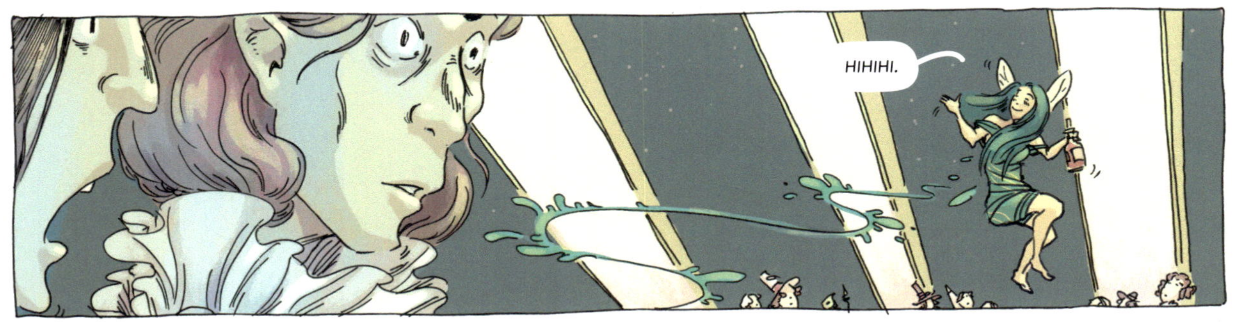
HIHIHI.

UPS.

LEBEND IST MIR LIEBER, DENN ICH HABE NICHTS GEGEN DIE TAUBEN PERSÖNLICH.
ICH WILL NUR MEINEN SOHN DAVOR SCHÜTZEN, SICH UND UNS ALLE INS UNGLÜCK ZU STÜRZEN. UND MICH SELBST MÖCHTE ICH EBENSO SCHÜTZEN.
!?!
IST DAS NICHT MEIN RECHT?
NICHT GAR MEINE PFLICHT GEGENÜBER DEN TREUEN UNTERTANEN, DIE SICH STETS AUF MEINE STÄRKE VERLASSEN MÜSSEN?
SPÄTESTENS AM TAG MEINES TODES WERDEN DIE TAUBEN WIEDER FREIGELASSEN, DAS VERSPRECHE ICH.
DANN IST ES ZEIT, DASS MEIN SOHN DIE HERRSCHAFT ÜBERNIMMT.

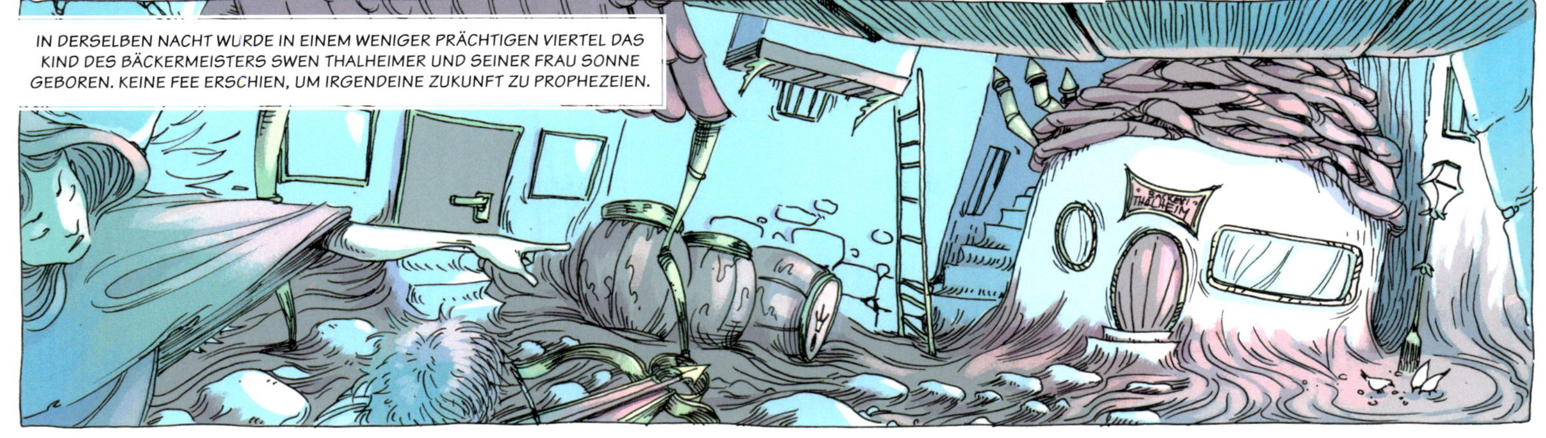
IN DERSELBEN NACHT WURDE IN EINEM WENIGER PRÄCHTIGEN VIERTEL DAS KIND DES BÄCKERMEISTERS SWEN THALHEIMER UND SEINER FRAU SONNE GEBOREN. KEINE FEE ERSCHIEN, UM IRGENDEINE ZUKUNFT ZU PROPHEZEIEN.

ES IST SO WEIT!

SO EIN HÄNFLING!

ER IST DOCH NICHT KRANK, ODER?

SIE.
WAS?
SIE. DEIN KIND IST EIN MÄDCHEN.

EINE TOCHTER?
ABER KRANK IST SIE NICHT? SIE IST SO ZART UND SCHMAL.

SOLANGE DU SIE NICHT ZERDRÜCKST, IST SIE KERNGESUND.
SO EIN HÄNFLING...

DAS MÜSSEN ALLE ERFAHREN! UND WEIN, WIR BRAUCHEN WEIN!

NUN GUT, IST ZWAR EIN KOMISCHER NAME FÜR EIN MÄDCHEN, ABER DANN SOLLST DU EBEN HÄNFLING HEISSEN.

DER KÖNIG BEFAHL DEN BAU RIESIGER UNTERIRDISCHER TAUBENKÄFIGE, IN DENEN DIE TIERE KEINEN SCHADEN ANRICHTEN KONNTEN.

BALD WAR DIE GESAMTE PALASTANLAGE UNTERKELLERT, IRGENDWANN DER GANZE FELSEN VON EINEM LABYRINTH VOLLER KÄFIGE DURCHZOGEN.

GURR GURR

DREI DUTZEND TAUBENWÄCHTER KÜMMERTEN SICH TAG UND NACHT UM DIE TIERE. SIE FÜTTERTEN SIE UND REINIGTEN DIE KÄFIGE VON FEDERN, DRECK UND TOTEN VÖGELN.

WOOOSCH

WARUM BIN ICH IMMER FÜR DIE KÄFIGE MIT DURCHFALL EINGETEILT?

WÄHREND HÄNFLING UND DER KÖNIGSSOHN LANGSAM HERANWUCHSEN, WURDE DAS GANZE LAND VON TAUBEN BEFREIT.
LOS! DA SITZEN ZEHN GEFLÜGELTE GULDEN!
VON ÜBERALL HER BRACHTEN DIE JÄGER GEFANGENE ODER ERLEGTE TIERE ZUM PALAST UND ZOGEN MIT DEN TASCHEN VOLLER KOPFGELD VON DANNEN.
TOT ANGELIEFERTE TAUBEN WURDEN AUF EINER HOCH AUFRAGENDEN GUSSEISERNEN FEUERSCHALE VOR DEN TOREN DER STADT VERBRANNT.
DIE NIE VERLÖSCHENDE FLAMME WAR WEITHIN SICHTBAR UND WURDE SCHON BALD VON ALLEN NUR NOCH FREIHEITSFACKEL GENANNT.
AUCH ALLE SPATZEN UND KRÄHEN, DIE VON ÜBEREIFRIGEN JÄGERN AUS VERSEHEN GETÖTET WURDEN, WURDEN IN DIE FLAMMEN GEWORFEN.
SIE IST BEWEIS FÜR UNSERE STÄRKE UND UNSEREN UNBEUGSAMEN WILLEN.
SOLANGE SIE BRENNT, HABEN WIR UNS NICHT DER FEINDLICHEN PROPHEZEIUNG GEBEUGT. MÖGE SIE EWIG LODERN!
GINGEN DEN FEUERMEISTERN DIE TOTEN VÖGEL AUS, REQUIRIERTEN SIE IM AUFTRAG DES KÖNIGS HÜHNER VON DEN NÄCHSTEN BAUERN, DENN DIE FREIHEITSFACKEL DURFTE NIEMALS ERLÖSCHEN.

DAS FEUER UND DIE TAUBENKÄFIGE VERSCHLANGEN VIEL GOLD, NOCH MEHR WURDE ALS KOPFGELD AN DIE TAUBENJÄGER VERTEILT.
ZUCK
DIE ERFOLGREICHSTEN JÄGER WURDEN REICH, DER KÖNIG HÄUFTE SCHULDEN AN.

WEIL EIN VERSCHULDETER KÖNIG NICHT GUT FÜR SEIN VOLK WAR, HOLTE ER SICH DAS GELD VON EBENDIESEM ZURÜCK.

ER ERLIESS NEUE STEUERN ZUR FINANZIERUNG DES TAUBENKRIEGES.
ES GEHT UM UNSERE EXISTENZ! WIR MÜSSEN ALLE OPFER BRINGEN!
ABER GEMEINSAM WERDEN WIR ES SCHAFFEN!
HOCH, KÖNIG SIEGBART!
NIEDER MIT DEN TAUBEN!

SOLL ICH IHNEN NOCH EIN STÜCK SERVIEREN, MEIN KÖNIG...?

NEIN. SOLANGE MEIN VOLK WEGEN DER TAUBEN HUNGERT, WERDE ICH AUF DAS DRITTE STÜCK VERZICHTEN.

VERFÜTTERT DIE TORTE AN DIE TAUBEN. WÄRE JA SCHADE DARUM.
ABER... DAS IST DAS LETZTE, WAS ICH HABE!

Tok
Tok
BETTELN WAR IM KÖNIGREICH VERBOTEN, DOCH VERARMTE BÜRGER WUSSTEN KEINEN ANDEREN AUSWEG.

HEUHAU zu VERMIETEN
Rchn
Rchn

UND DER VERSCHULDETE KÖNIG VERSPRACH RASCHE HILFE.
SPLAT
SPLAT
SPLAT

EUER KÖNIG HAT EINE LÖSUNG GEFUNDEN UND DAS GESETZ GEÄNDERT!
DAS BETTELN IST AB SOFORT ERLAUBT, SOFERN MAN EINEN BUNTEN HUT TRÄGT!
UND DER GROSSZÜGIGE KÖNIG SCHENKT EUCH DIE HÜTE!

ZUDEM ERHÄLT JEDER HAUPT-BERUFLICHE BETTLER EIN SCHILD FÜRS SELBSTBEWUSSTSEIN. ARMUT IST NICHT DAS ENDE!
MIST, WIE WERDE ICH NUR DEN WAGEN WIEDER LOS...
ARM ABER

FORTAN LÄCHELTEN DIE BETTLER ERWARTUNGSVOLL ALL DIE FEINEN DAMEN UND HERREN AN, DIE AN IHNEN VORBEIGINGEN. SIE HOFFTEN AUF EIN PAAR MÜNZEN, EINEN KLEINEN FLIRT ODER VIELLEICHT MEHR.
SIE HAT MEINEN LEEREN HUT ANGELÄCHELT. ICH HAB'S GENAU GESEHEN.
ARM SEXY
DOCH DIESES MEHR GAB ES NIE - ZWEI, DREI MÜNZEN UND EIN ERZWUNGENES LÄCHELN WAREN DAS HÖCHSTE DER GEFÜHLE.

ARM, ABER SEXY, VON WEGEN! ES SIND IMMER DIE REICHEN, DIE DIE GANZEN FRAUEN ABBEKOMMEN. DIE BANKIERS UND ADLIGEN UND TAUBENJÄGER...

JA, WIR HABEN NICHTS, ABER WAS IST DAS IM VERGLEICH ZU VIELEN ADLIGEN UND BANKIERS?
NEIN, NEIN! UNSER KÖNIG IRRT SICH NIE! WENN WIR NICHT SEXY SIND, LIEGT ES AN UNS. WIR SIND EINFACH NICHT ARM GENUG.
SIE STEHEN NICHT BEI NULL, SIE SIND HOCH VERSCHULDET, SELBST IHRE PALÄSTE UND VILLEN GEHÖREN NICHT IHNEN.
ERST WENN SIE WIEDER ZU GELD GEKOMMEN SIND UND IHRE SCHULDEN ABGETRAGEN HABEN, WERDEN FRAUEN WIE DIE SCHÖNE DA DRÜBEN AUGEN FÜR UNS HABEN.

UNSINN - SOLANGE DIESER KÖNIG HERRSCHT, WIRD ES UNS NIEMALS GUT GEHEN.
MEINST DU, UNTER SEINEM SOHN WÜRDE SICH DAS ÄNDERN?
MEINST DU, ES GIBT IRGENDWO EINEN KÖNIG, UNTER DEM ES UNS BETTLERN GUT GEHT?

HÄNFLING WAR NUN
FÜNFZEHN JAHRE ALT UND
HALF, WO SIE KONNTE.
FSSSS

~ BÄCKEREI ~
THALHEIMER
HIER KOMMT DAS MEHL!
ICH HABE 6 % RABATT
BEKOMMEN.

GUT, DASS DU DICH
SO NÜTZLICH MACHST, BIS
WIR DICH VERHEIRATEN
KÖNNEN.

BIS ICH HEIRATE?
BIN ICH DANACH NICHT
MEHR NÜTZLICH?

DANN WILL ICH
NIEMALS HEIRATEN.
ACH, DU WIRST ANDERS
REDEN, WENN DER
RICHTIGE KOMMT…

UND ER WIRD KOMMEN. DU
BIST SCHÖN, DU WIRST EINE
GUTE PARTIE MACHEN.

GUT IST SIE NUR,
WENN ICH WEITER
NÜTZLICH SEIN DARF.

DANN GEBEN WIR
DICH EINEM MANN, BEI
DEM DU DAS DARFST.
VERSPROCHEN.

PRINZ CASTELLJAN DAGEGEN FÜHLTE SICH GAR NICHT NÜTZLICH. SEINE EINZIGE AUFGABE BESTAND DARIN, SICH NICHT AUF DEN KOPF KACKEN ZU LASSEN.

WÄRE ER ABENTEUERLICHER VERANLAGT GEWESEN, HÄTTE ER SICH VIELLEICHT EINMAL NACHTS IN DAS LABYRINTH DER TAUBENKÄFIGE GESCHLICHEN – BARHÄUPTIG UND ALLEIN.

DOCH ER GEHORCHTE UND WARTETE. ER WARTETE DARAUF, SPÄTER EINMAL VERHEIRATET ZU WERDEN, UND DARAUF, DASS SEIN VATER ALT GENUG ZUM ABDANKEN WURDE.

16 Jahre (taubenkotfrei)

ZUM GEBURTSTAG VIEL GLÜCK!

ZUM GEBURTSTAG...

UND ER WARTETE AUF SEINEN SECHZEHNTEN GEBURTSTAG, WEIL ER DIESEN MIT EINEM GROSSEN FEST IM FREIEN FEIERN DURFTE.

EIN HOCH AUF DEN PRINZEN! SECHZEHN TAUBENKOTFREIE JAHRE!

EIN GESCHENK FÜR EURE KÖNIGLICHE HOHEIT!

HAB DANK, UNTERTAN.

EIN HOCH AUF DIE TRUNKENE FEE!

NIEDER MIT DEM KÖNIG!

FREIHEIT FÜR DIE TAUBEN!

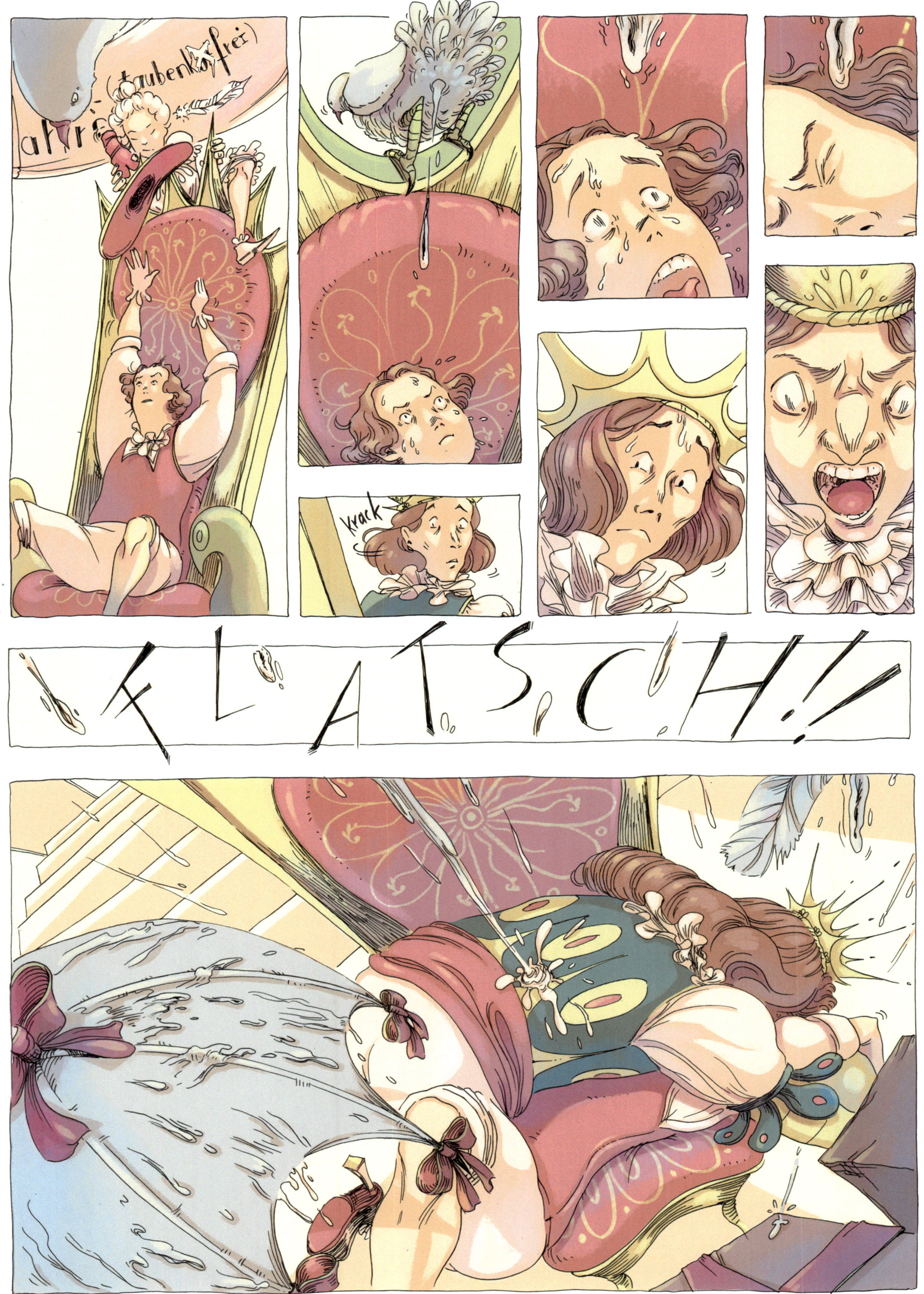
(taubenkotfrei)
krack
FLATSCH!!

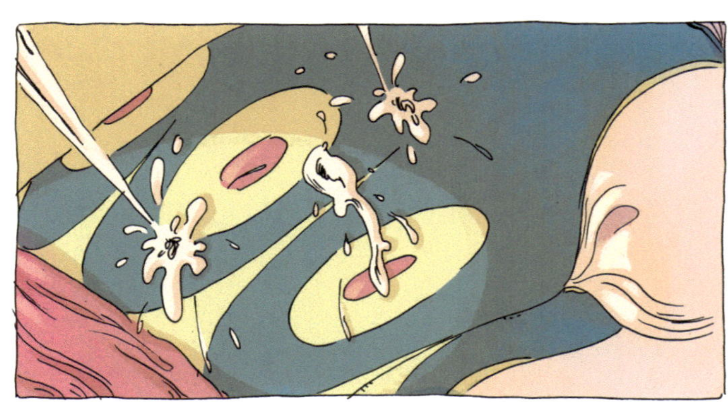

FANGT DIE ATTENTÄTER!
TÖTET DIE BIESTER!

FEUER!
IHH! DAS GING INS AUGE!
HEB DIE NICHT AUF, JUNGE! DAS SIND MEINE ZEHN GULDEN!

WO IST DER ATTENTÄTER?

DAHINTEN IST ER!

HAB ICH DICH! ELENDIGER FEEN-ANHÄNGER!

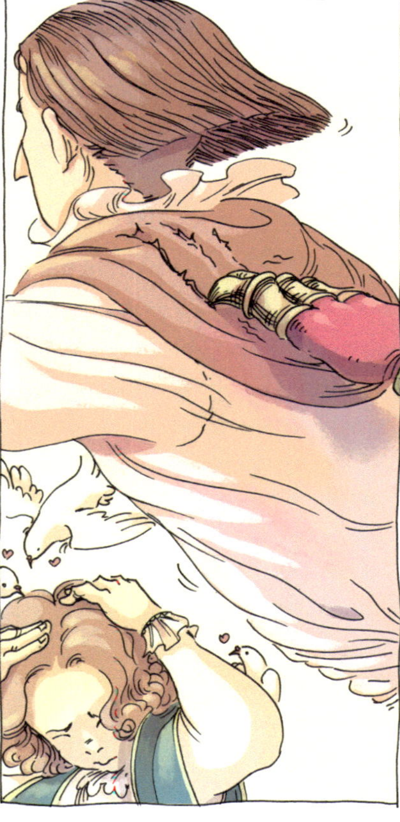

ALLE TAUBEN TOT ODER GEFANGEN.
AUCH KEIN ATTENTÄTER WAR ENTKOMMEN.
WIR HABEN SIE, MAJESTÄT.
AUF DIE KNIE, FEENFREUND!
PUH, DIE STINKEN VIELLEICHT.
IN DEN KERKER MIT IHNEN! VERHÖRT SIE - JEDEN EINZELNEN VON IHNEN!
UND VERGESST NICHT, DIESER FEIGE ANGRIFF GALT UNS ALLEN!

DAS WAREN FEENGLÄUBIGE!
ANHÄNGER DER VERSTOSSENEN KÖNIGINNEN!
HÄNGT SIE HOCH!
EGAL, WIE VIELE VON DIESEN REBELLEN DORT DRAUSSEN SIND, WIR WERDEN SIE BEKÄMPFEN. UND BESIEGEN!
ABER VON IHNEN LASSEN WIR UNS UNSER LAND EBENSO WENIG NEHMEN WIE VON TAUBEN!
HÄNGT SIE HÖHER, ICH KANN NICHTS SEHEN!

BRÖTCHEN! FRISCHE BRÖTCHEN!

HE, SCHÖNE BÄCKERIN, HEIRATEST DU MICH?
NEIN.
AUF WEN WARTEST DU? DEN PRINZEN?
ICH WARTE NICHT, ICH ARBEITE.

FRISCHE BRÖTCHEN!
ARMBRÜSTE! NEUE ARMBRÜSTE!
EXTRASPITZE SPINDELN!

HAST DU NOCH WELCHE VON GESTERN ZUM HALBEN PREIS?
NEIN, SIND ALLE. VIELLEICHT MORGEN WIEDER.

AH, WIR HABEN SCHON GEWARTET! EIN DUTZEND, KLEINE.
BRÖTCHEN! FRISCHE BRÖTCHEN!

KÖNNEN WIR SONST NOCH ETWAS FÜR DICH TUN, SCHÖNES MÄDCHEN?

DAS KÖNNT IHR!
SOGAR ZWEI DINGE. ERSTENS: NENNT MICH NICHT SCHÖN!

ABER DU BIST WAHRLICH...

AUCH DU BIST NICHT HÄSSLICH.

ABER SPRECHEN DEINE KAMERADEN DICH STÄNDIG MIT SCHÖNER MANN AN?
ÄH, NEIN. DAS IST ETWAS VÖLLIG ANDERES.

UND ZWEITENS -
VIEL WICHTIGER UND TATSÄCHLICH ETWAS GANZ ANDERES...

MÄÄÄH.
VERBRENNT DAS DA NICHT!

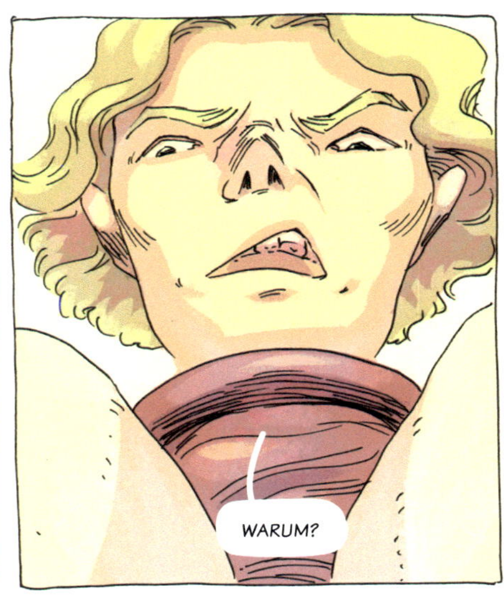
WARUM?

ES BRENNT SYMBOLISCH FÜR UNSERE FREIHEIT.

DIE BAUERN HUNGERN WIRKLICH, NICHT NUR SYMBOLISCH.

DAS IST BEDAUERLICH, ABER WILLST DU, DASS DIE FREIHEITSFACKEL ERLISCHT?
DANN HABEN DIE VERRÄTERISCHEN REBELLEN GEWONNEN!
DAS WEISS ICH NICHT.

DOCH WENN DAS FEUER BRENNEN SOLL, NEHMT EINFACH HOLZ - SO WIE JEDER NORMALE MENSCH.
HOLZ? BIST DU VERRÜCKT? DAS BRENNT GANZ ANDERS, DER RAUCH... UND...

ABER ES BRENNT, ODER?
ÄHM, JA.

ALSO, NEHMT HOLZ. DIE BAUERN UND TIERE WERDEN ES EUCH DANKEN.
SIE HAT RECHT, SCHÖNER MANN.

HIER, DA HABT IHR EUER LAMM ZURÜCK.
HUCH! DAS WAREN DOCH MEHR...

FRISCHE BRÖTCHEN!
DIE BRÖTCHEN SIND ECHT LECKER.
ICH WÜRDE LIEBER VON DEM MÄDCHEN KOSTEN.

PRINZ CASTELLJAN!

DAS KÖNIGSTREUE VOLK JUBELTE LAUT...
ER ZEIGT'S DEN VERDAMMTEN FEENFREUNDEN!
DER PRINZ!
METZGER

ER TRAUT SICH HERAUS!
KEIN WUNDER, SEIT MONATEN HAT MAN KEINE TAUBEN MEHR GESEHEN...
SO TAPFER UND FURCHTLOS!
GESUCHT
GESUCHT

DER WILL DOCH VON TAUBEN ERWISCHT WERDEN.
ER WILL SIEGBARTS TYRANNEI BEENDEN.
DIE TAUBENZÜCHTER MÜSSEN WEITERMACHEN. UNBEDINGT!
... WÄHREND ES DIE REBELLEN LEISE TATEN.

BRÖTCHEN! FRISCHE BRÖTCHEN!
GESUCHT

SPÄTER, EIN PAAR STRASSEN WEITER.
FRISCHE...

HALT! MUTMASSLICHES REBELLENTUM!
OH!

WAS? NEIN! ICH BIN KEIN REBELL, ICH...
UND WARUM TRÄGST DU DANN TAUBENGRAUE KLEIDUNG?
ICH HABE NICHTS ANDERES.
DAS HEISST, DU TRÄGST IMMER DIE FARBE DER BEDROHUNG?

NEIN... JA, ABER... NEIN...
DIE LUMPEN SIND EWIG ALT, UND ICH KANN MIR NICHTS NEUES LEISTEN, UND ICH WUSSTE NICHT, DASS...

DAS SAGEN SIE ALLE.

AH, DIE SCHÖNE MIT DEN KRUSTENBRÖTCHEN. DREI FÜR MICH.

NAME?
NORRI VOGLSANG.
SELBST AM HOF LOBT MAN DEINE BRÖTCHEN.
ÄHM, DANKE.

IST DAS WIRKLICH EIN REBELL?

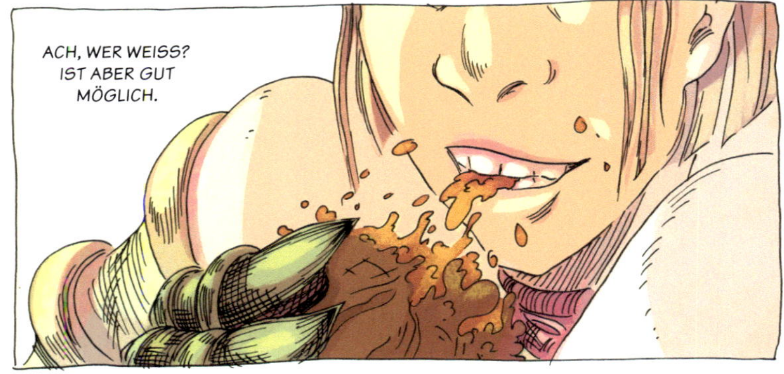
ACH, WER WEISS? IST ABER GUT MÖGLICH.

LIEBER EINEN ZU VIEL MITGENOMMEN ALS DEN EINEN ENTSCHEIDENDEN ZU WENIG, DER DAS GROSSE ATTENTAT AUSFÜHRT, ODER NICHT?
EIN BRÖTCHEN, BITTE.
MACHT ZWEI PFENNIGE.

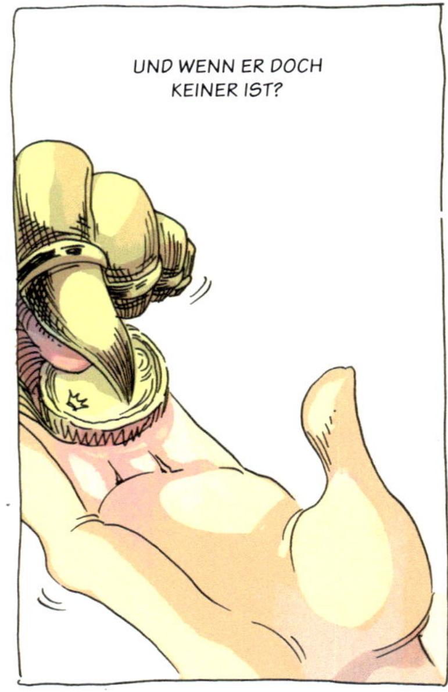
UND WENN ER DOCH KEINER IST?

LASSEN WIR IHN NACH DER BEFRAGUNG LAUFEN.

UND HAST DU HEUTE ABEND SCHON WAS VOR, SCHÖNE BÄCKERSTOCHTER?

JA.

UND MORGEN?
AUCH.

AUSSERDEM BIN ICH GAR NICHT SO SCHÖN, WIE ICH AUSSEHE.
UND ICH BIN KEIN REBELL!

ICH DENKE DOCH, GRAUER NORRI!

ICH WERDE DEIN GESTÄNDNIS SCHON BEKOMMEN.

ICH HAB JETZT JA DEN GANZEN ABEND ZEIT FÜR DEINE BEFRAGUNG.

UND ZWEI NEIN AN EINEM TAG AKZEPTIERE ICH NICHT.

HALT!
DIESE STADT EXISTIERT NICHT!
UNS GIBT ES GAR NICHT!
WIR SIND NUR DIE IDIOTISCHE ER-FINDUNG ZWEIER BEKLOPPTER!

AM ANDEREN ENDE DER STADT.
ICH WILL NICHT AUS DER STADT RAUS!
ICH WILL NOCH MAL DIE SCHÖNE BÄCKERS-TOCHTER SEHEN!

NICHTS DA! WIR GEHEN ZUR FREIHEITSFACKEL!

DU WIRST DIE BRAVEN MÄNNER DORT MIT DEINEM BESUCH EHREN.
OH VERDAMMT! DER KÖNIG! WARUM JETZT?!

HOLZ?!

NEHMT GEFÄLLIGST TIERE!
WENN ICH SAGE, WIR BRINGEN OPFER FÜR DIE FREIHEIT, TUN WIR DAS AUCH! SONST...

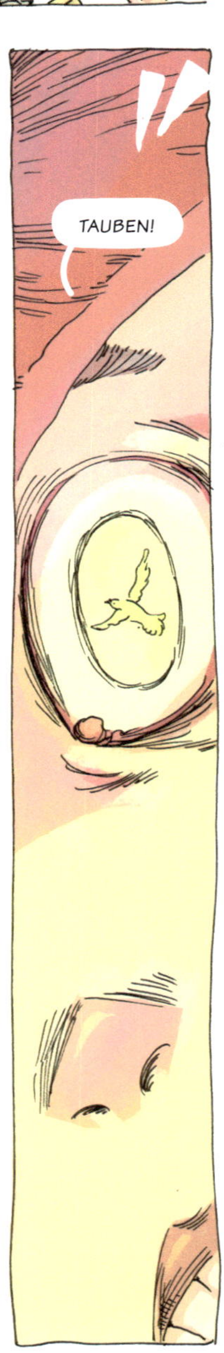
TAUBEN!

ZURÜCK ZUM PALAST! RETTET DEN PRINZEN UNTER EIN DACH!
SOLL ICH DAS LAMM DES BAUERN JETZT WIEDER HERHOLEN?

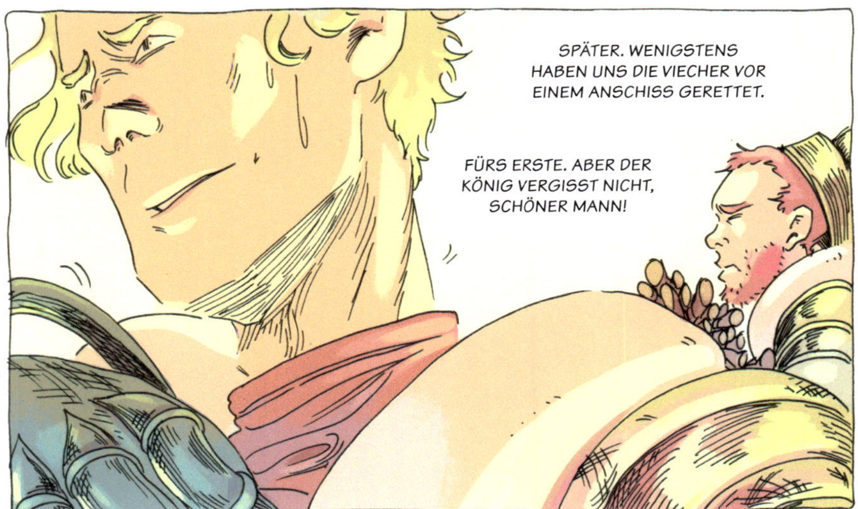
SPÄTER. WENIGSTENS HABEN UNS DIE VIECHER VOR EINEM ANSCHISS GERETTET.
FÜRS ERSTE. ABER DER KÖNIG VERGISST NICHT, SCHÖNER MANN!

ICH DACHTE, SIE SEIEN LÄNGST AUSGEROTTET.
ICH FRAGE MICH, WO DIE SO PLÖTZLICH HERKOMMEN. IST DAS ZUFALL?

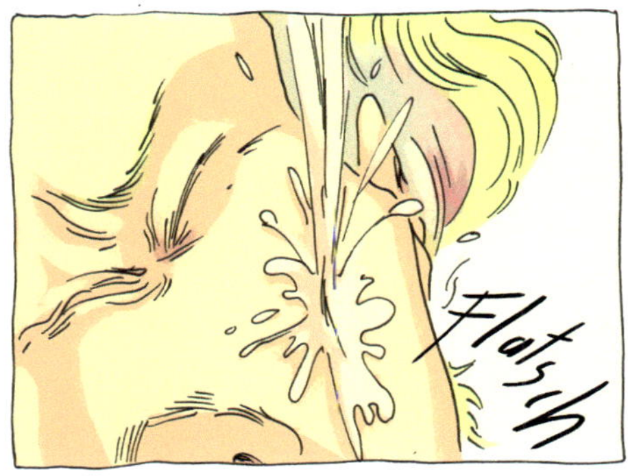
Flatsch

blch
BÄH! ZIELGENAU KACKEN KÖNNEN DIE BIESTER AUCH.

DA! SIE FLIEGEN ALLE RICHTUNG WALD.
FOLGEN WIR DEM VOGELSCHISS! WENN WIR EINE GEHEIME TAUBENFARM AUSHEBEN, WIRD DER KÖNIG UNS VERZEIHEN!

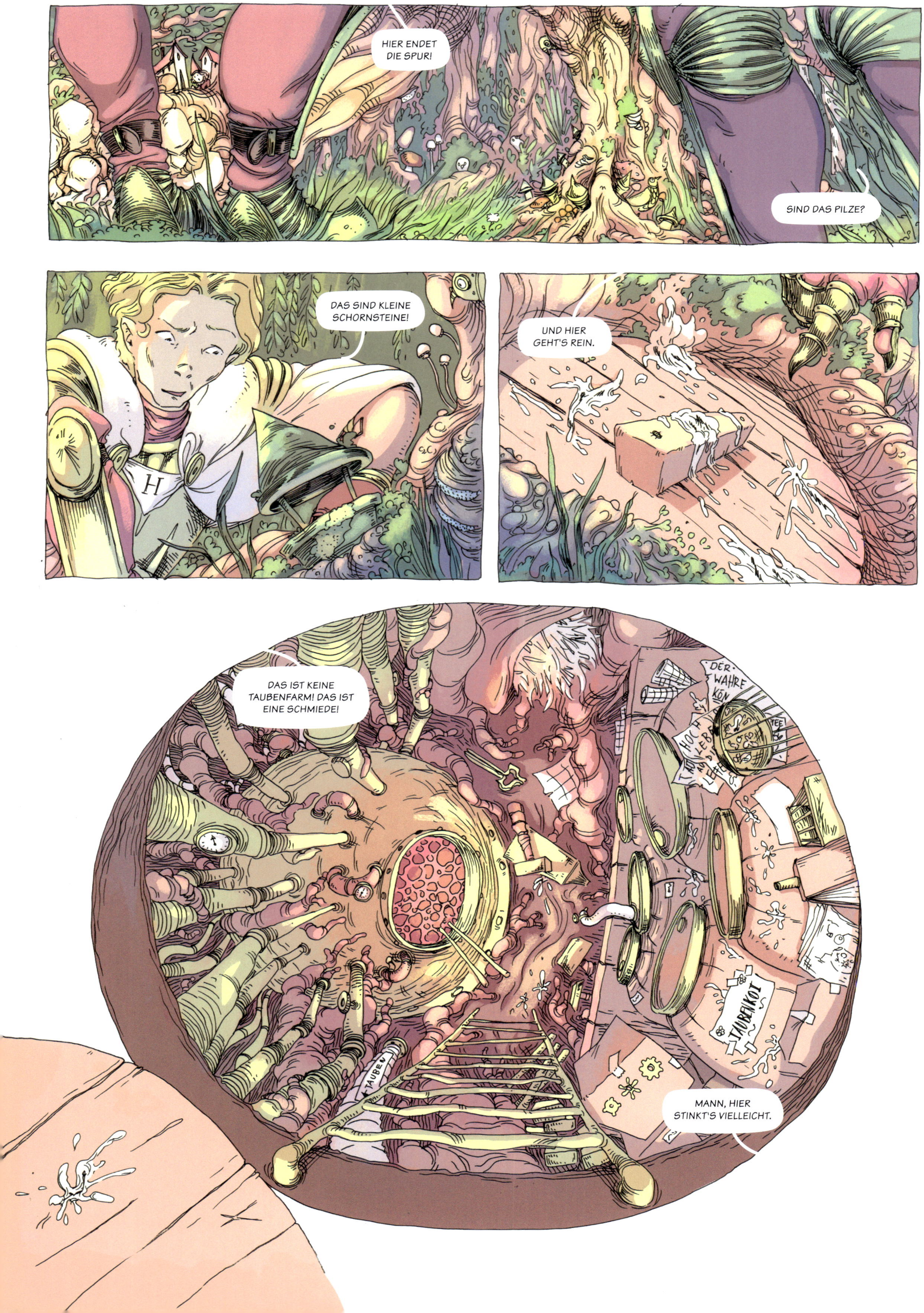

HIER ENDET DIE SPUR!
SIND DAS PILZE?

DAS SIND KLEINE SCHORNSTEINE!

UND HIER GEHT'S REIN.

DAS IST KEINE TAUBENFARM! DAS IST EINE SCHMIEDE!
TAUBENKOT
MANN, HIER STINKT'S VIELLEICHT.

KÜNSTLICHE TAUBEN MIT KACKVORRICHTUNGEN?
DÜRFEN DIE REBELLEN DIE PROPHEZEIHUNG DER FEE SO WEIT INTERPRETIEREN?
WIE HAT DIE FEE…?

MIR EGAL! WIR DÜRFEN ES NICHT IHNEN ÜBER-LASSEN, FESTZULEGEN, WAS EINE TAUBE IST!

WIR HERRSCHEN, ALSO ENTSCHEIDEN AUCH WIR, WER UNS BEDROHT, NICHT SIE!
ICH WEISS NICHT, HOHEIT…

ÄHM, EIGENTLICH…
JA…?!
NICHTS, MAJESTÄT.
IHR ENTSCHEIDET SELBSTVERSTÄNDLICH!

FEEN KANN MAN NICHT TRAUEN, NICHT IM GERINGSTEN.

GESUCHT
WER SAGT UNS ÜBER-HAUPT, DASS MIT EINER TAUBE TATSÄCHLICH EIN TIER GEMEINT IST?
GRAMMATIKALISCH KÖNNTE EBENSO EINE TAUBE FRAU GEMEINT SEIN, NICHT WAHR, HOFDICHTER KLAMM?

GRAMMATIKALISCH? SICHER, SICHER.
ALSO AUCH TATSÄCHLICH?

ALLES EINE FRAGE DER INTERPRETATION.
UND DIE INTERPRETATION IST UNSER!

GESUCHT
20 GULDEN
ICH HABE NOCH NIE VON TAUBEN FRAUEN GEHÖRT, DIE EINEM AUF DEN KOPF KACKEN. SCHON GAR NICHT DREIMAL.

EINMAL IST IMMER DAS ERSTE MAL!
WOLLT IHR ES WIRKLICH DARAUF ANKOMMEN LASSEN?

WER WEISS SCHON, WIE PERVERS JEMAND SEIN KANN, DER NICHTS HÖRT?
IMMERHIN KANN MAN EINER TAUBEN NICHT SAGEN, DASS EIN SOLCHES VERHALTEN NICHT ANGEMESSEN IST.
SCHLIESSLICH HÖRT SIE NICHT. ES MUSS JA NICHT MAL BÖSE ABSICHT SEIN.
UND DESHALB WERDE ICH HANDELN!
STARKE MÄNNER HANDELN! ICH WILL NICHT ALS DER ZÖGERLICHE IN DIE GESCHICHTE EINGEHEN.

IM NAMEN DES KÖNIGS, AUFMACHEN!

W-WAS WOLLT IHR?

MAN ERZÄHLT SICH, EURE TOCHTER RADA SEI TAUB.

IHR WOLLT SIE VERHAFTEN?!
SICHERUNGS-VERWAHRUNG.

WAS SOLL SIE VERBROCHEN HABEN?!
DER KÖNIG WILL VERHINDERN, DASS SIE DEM PRINZEN AUF DEN KOPF KACKT.
WEIL SIE EINE TAUBE IST?
ABER DAS ERGIBT DOCH GAR KEINEN SINN!

TAUBEN ZUCHT AUFLÖSUNG
INTERESSANT! DAS ERÖFFNET GANZ NEUE MÖGLICHKEITEN...

ABER SIE HAT... RADA!
MAMA!

GUT, DASS IN MEINER FAMILIE NIEMAND TAUB IST.

ICH BIN ZURÜCK!

UND? WIEDER EINEN ANTRAG BEKOMMEN?

DREI. ODER VIER, BEI EINEM BIN ICH MIR NICHT SICHER.
NICHT SICHER?

EGAL. SIE VERHAFTEN JETZT AUCH TAUBE FRAUEN, NUR WEIL SIE TAUB SIND.
JA, EIN NEUES GESETZ DES KÖNIGS.

WAS WÜRDEST DU TUN, WENN ICH TAUB WÄRE?
DU BIST ES NICHT, ODER?

ABER WAS, WENN? WENN ICH EINEN UNFALL HABE ODER...?

FALLS DU WISSEN WILLST, OB ES RECHTENS IST, WAS DER KÖNIG TUT, SAGE ICH DIR: ER IST DER KÖNIG UND MACHT DIE GESETZE.
ER KANN UND DARF ES TUN.
FALLS DU MICH FRAGST, WAS ICH ZULASSEN WÜRDE, SO LASS DIR SAGEN: NIEMAND TUT MEINER TOCHTER ETWAS AN.
DU BIST MEINE HÄNFLING!
MEHL

DANKE.

SAG MIR, DASS DU NICHT ZU DEN REBELLEN GEHÖRST.

NEIN, ICH BIN KEIN REBELL.

ABER NACHTS, WENN HÄNFLING MANCHMAL AUS DEM FENSTER BLICKTE UND IN DER FERNE DIE FREIHEITSFACKEL BRENNEN SAH, FRAGTE SIE SICH, OB DIE REBELLEN NICHT DOCH RECHT HÄTTEN, OB MAN NICHT IRGENDETWAS TUN MÜSSTE.

SIE DACHTE AN DIE TAUBEN MÄDCHEN, AN DAS JÄMMERLICH BLÖKENDE LAMM UND DEN ABGEFÜHRTEN ALTEN MANN, DER IHR SO UNSCHULDIG ERSCHIENEN WAR.
STEHEN BLEI-BEN, ELENDIGES REBELLENPACK!
TAUBENZÜCHTER!
DOCH SAH MAN SCHULDIGEN IHRE SCHULD WIRKLICH AN?

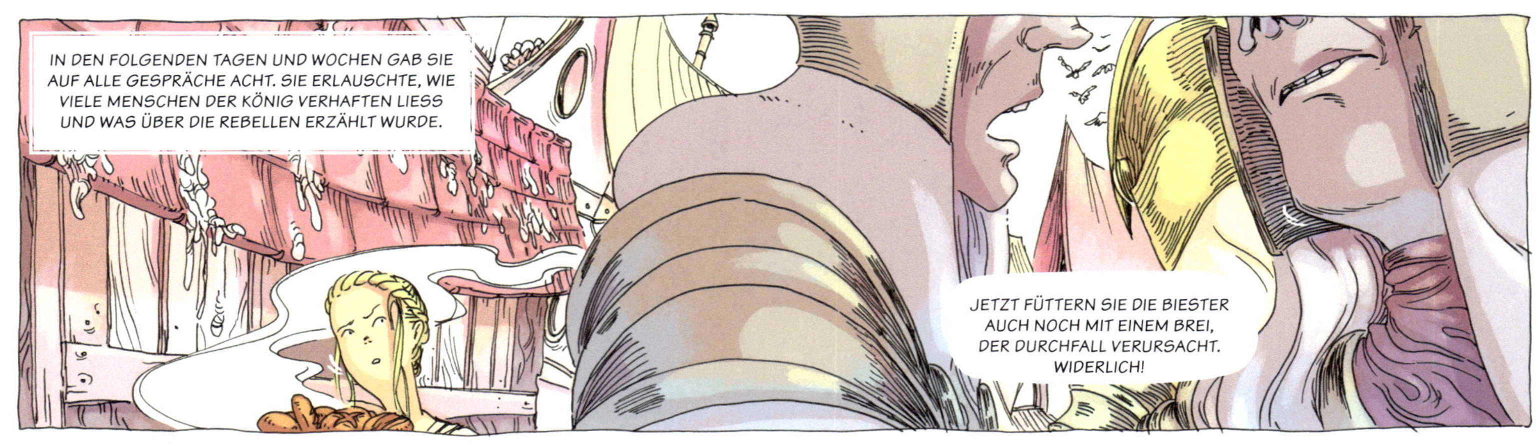
IN DEN FOLGENDEN TAGEN UND WOCHEN GAB SIE AUF ALLE GESPRÄCHE ACHT. SIE ERLAUSCHTE, WIE VIELE MENSCHEN DER KÖNIG VERHAFTEN LIESS UND WAS ÜBER DIE REBELLEN ERZÄHLT WURDE.
JETZT FÜTTERN SIE DIE BIESTER AUCH NOCH MIT EINEM BREI, DER DURCHFALL VERURSACHT. WIDERLICH!

GESTERN HABEN SIE WIEDER FÜNF TAUBE MÄDCHEN GEFASST. WO KOMMEN DIE NUR ALLE HER?
DIE PROTHEZEIUNG MUSS ERFÜLLT WERDEN!

ICH HABE GEHÖRT, DASS DIE TAUBEN SICH DEN REBELLEN ANSCHLIESSEN, WAS BEWEIST, DASS DER KÖNIG VON ANFANG AN RECHT HATTE.
1000 GULDEN
DIE REBELLEN SOLLEN JETZT TAUBE MÄDCHEN VERSTECKEN, DAMIT SIE NICHT VERHAFTET WERDEN.

ARMBRÜSTE! IDEAL ZUR TAUBENJAGD! ARMBRÜSTE!
BRÖTCHEN! FRISCHE BRÖTCHEN!
SEIFE GEGEN TAUBENKOT!

SEIFE
ZWÖLF SEIFEN.
ZWÖLF?
BRÖTCHEN!
MEINE FRAU IST WÄSCHERIN, DIE HAT GUT ZU TUN BEI DER TAUBENPLAGE.
GETROCKNETE TAUBENFÜSSE! PERFEKT GEGEN RÜCKENSCHMERZEN!

DAS IST MEINE LETZTE ZIEGE! WIE SOLL ICH MEINE FAMILIE ERNÄHEREN?
DIE WÄCHTER DER FREIHEITSFACKEL!

ENTWEDER DU SPENDEST DEINE ZIEGE FÜR DIE FREIHEIT, ODER DIE BÜTTEL NEHMEN DIR DIE DEINE...
ABER IHR WOLLTET DOCH HOLZ...?

DU SCHON WIEDER! NOCH MAL KANNST DU MICH MIT DEINER SCHÖNHEIT NICHT BEZIRZEN.
ÄHM, SCHÖNHEIT WAR NICHT MEIN ARGUMENT.
GEH!

HE, HÄNFLING! HAST DU GEHÖRT?
SUCH, ARGOS, SUCH DIE TAUBE.

DER PRINZ SUCHT EINE SCHÖNE BÄCKERSTOCHTER, DIE ER AUF DER STRASSE GESEHEN HAT.
ES HEISST, ER WILL IHR EINEN ANTRAG MACHEN. NA?

NICHT NOCH EINER!
ICH GEH NIE WIEDER IN PALASTNÄHE.
WAS...?

HACH, WIE KANN ICH SIE NUR WIEDERSEHEN?

ICH GEHE RAUS! ICH MUSS SIE SUCHEN.

PUH, IST DAS HEISS!
ICH BIN DIE SONNE EINFACH
NICHT GEWOHNT.

RUNTER, MEIN PRINZ!

DAS IST NICHT
EUER ERNST!

...

MEIN PRINZ!

VATER HATTE
TATSÄCHLICH RECHT!
SIE SIND WAHNSINNIG!

SIE HABEN SICH DAS TROMMELFELL SELBST DURCHSTOSSEN, UM DAS ATTENTAT ZU VOLLBRINGEN!
UND WER NICHT HÖREN WILL, MUSS FÜHLEN!

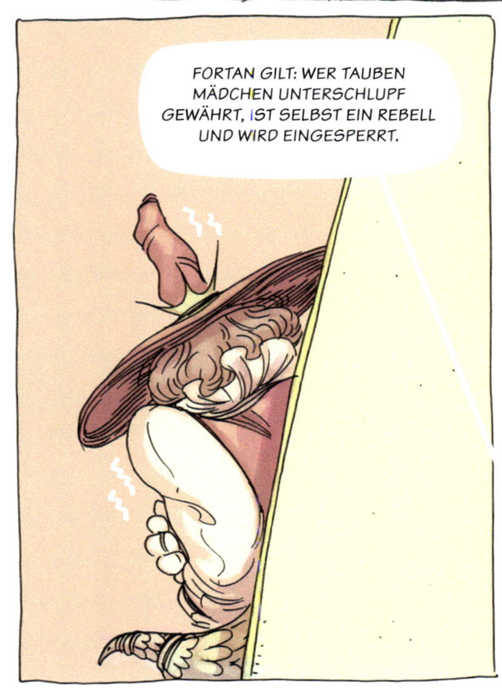
FORTAN GILT: WER TAUBEN MÄDCHEN UNTERSCHLUPF GEWÄHRT, IST SELBST EIN REBELL UND WIRD EINGESPERRT.

IHR HABT DAMALS DIE MECHANISCHEN TAUBEN ENTDECKT, NICHT WAHR?

WIR JAGEN GERADE EINEM GERÜCHT ÜBER EINE TAUBENFARM NACH UND KÖNNTEN EXPERTEN GEBRAUCHEN.

WIR SCHAUEN UNS DAS GERN MAL AN.

HIER IST ES! SCHNAPPEN WIR SIE UNS!

WAS FÜR EIN GESTANK!

DOROTHEA
KEINER DA! DIE VÖGEL SIND AUSGEFLOGEN.
NICHT STÖREN

DER BODEN IST VÖLLIG ZUGE-SCHISSEN. UND... HALLO!
FLOP

BRÖTCHEN! DAS IST WOHL DAS TAUBENFUTTER.

MMMH! DIE BRÖTCHEN KENNE ICH DOCH...

ER HAT NICHTS GETAN!

DANN WIRD IHM AUCH NICHTS GESCHEHEN.

DER FALL WIRD GRÜNDLICH UNTERSUCHT. ICH WERDE IHN HÖCHST-SELBST BEFRAGEN.

DANKE.

DA DU MIT MIR SPRICHST, GEHE ICH DAVON AUS, DASS DU NICHT TAUB BIST?
BITTE, WAS?

VERSTEHST DU MICH ODER BIST DU TAUB?

NEIN.
WAS JETZT? ENTWEDER ODER.

ICH...

GUTE FRAU, VERSTEHST DU MICH?
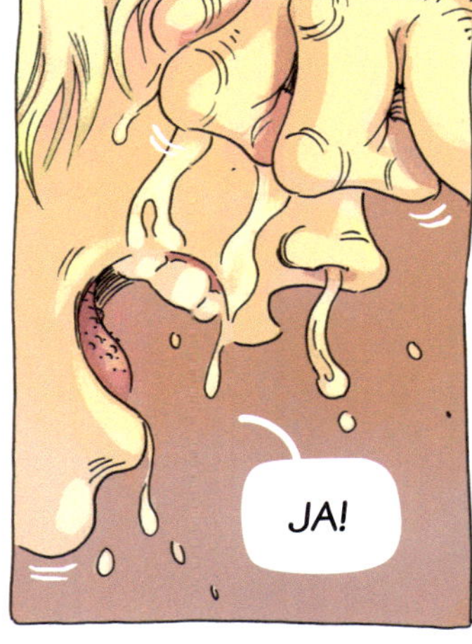
JA!

UND DEINE TOCHTER IST AUSSER HAUS?
JA.

HATTE SIE EINEN UNFALL? IST SIE TAUB GEWORDEN?
NEIN!

DANN IST JA ALLES BESTENS.
GUTEN TAG NOCH.

STUNDEN SPÄTER.
ICH BIN WIEDER DA!
WAS GIBT'S ZU ESSEN?

HUCH? IST PAPA NICHT DA?

ER MUSS GLEICH KOMMEN, SIE WOLLTEN IHN NUR BEFRAGEN.

BITTE EINE NUMMER ZIEHEN:
LOBHUDELEI
TAUBENDINGE
KÖNIGLICHE AUDIENZ
ICH HABE GEHÖRT, SIE SPERREN DIE GEFANGENEN ZU DEN TAUBEN IN DIE KÄFIGE.
AM NÄCHSTEN MORGEN.

WASSER ~NUR~ 10 GULDEN
MEINST DU, WIR KRIEGEN HEUTE EINE AUDIENZ?

MEIN JUNGE IST NICHT TAUB, ER WILL NUR NICHT HÖREN.

MEIN HUND HAT DIE TAUBE GEFRESSEN, ABER VIELLEICHT BEKOMME ICH DAS GELD JA TROTZDEM.

DIE NÄCHSTE!

HEY, FRAU. DU BIST DRAN.

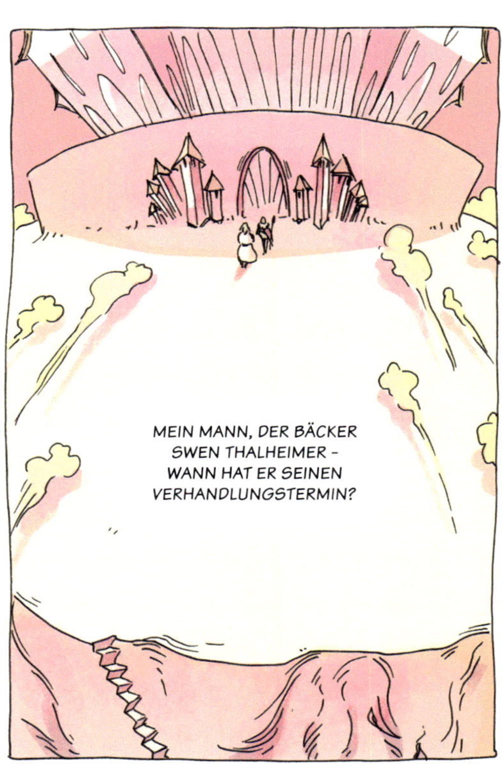
MEIN MANN, DER BÄCKER SWEN THALHEIMER – WANN HAT ER SEINEN VERHANDLUNGSTERMIN?

DIE VERHANDLUNGEN SIND GEHEIM.
ABER SEIN NAME STEHT NICHT AUF DER HEUTIGEN LISTE DER ZUM TODE VERURTEILTEN.

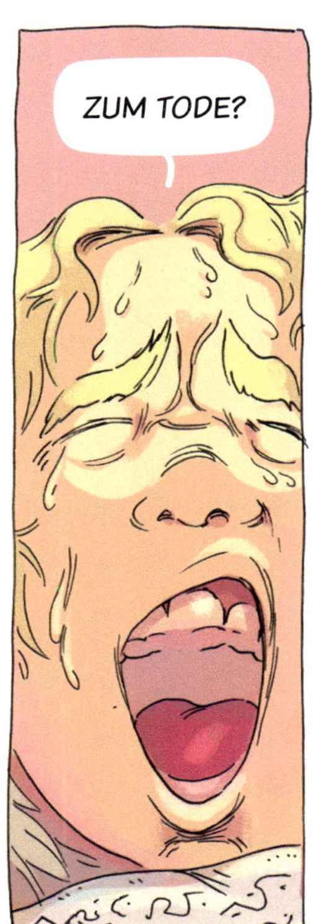
ZUM TODE?

WIEDER ZU HAUSE.
HAST DU DEN REBELLEN BROT VERKAUFT?
ICH WEISS ES NICHT – WORAN HÄTTE ICH DENN REBELLEN ERKENNEN SOLLEN?
ACH, KIND.

JETZT REICHT'S. IRGENDWER MUSS ETWAS TUN – VATER HAT ES MIR AUCH VERSPROCHEN.

WAS HAT DEIN VATER GESAGT? HAT ER DIR UNSINN IN DEN KOPF GESETZT?
DU GEHST DOCH NICHT ETWA ZU DEN REBELLEN?

NEIN, ICH...
DU GEHST NICHT ZU DEN REBELLEN!
HAST DU GEHÖRT? ICH BIN DEINE MUTTER!

ICH HABE GESAGT, ICH GEH NICHT ZU IHNEN. DIE MACHEN MÄDCHEN TAUB.
ICH MACH MEINE ABENDLICHE RUNDE!
IRGENDWER MUSSTE ETWAS TUN, ABER DAS WÜRDEN NICHT DIE REBELLEN SEIN.

NIEDER MIT DEM KÖNIG!
LEBE
FEE!
ALLJÄHRLICHES TREFFEN DER FEENFREUNDE
MIT DER KRAFT
TAUBENKOT GÜNSTIG ABZUGEBEN
SIE WAREN EBENSO VON DER IDIOTISCHEN PROPHEZEIUNG BESESSEN WIE DER KÖNIG.

PALAST
SIE WAREN NICHTS WEITER ALS DIE ANDERE SEITE DERSELBEN MÜNZE.

DIE REBELLEN WÜRDEN HÄNFLINGS VATER NICHT RETTEN.

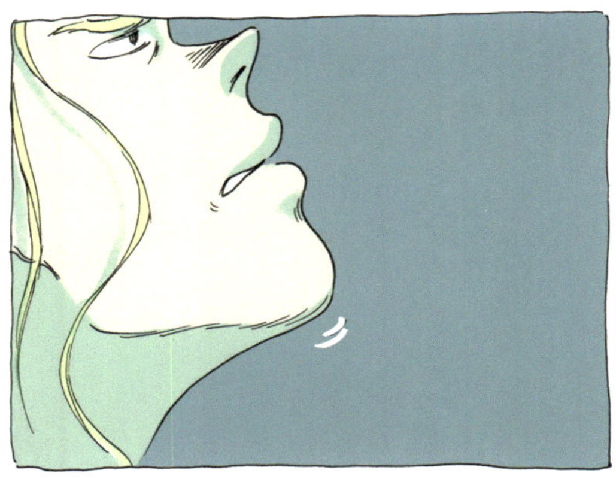

WAS MACHT SO EIN SCHÖNES MÄDCHEN GANZ ALLEIN AUF DER STRASSE?
NOCH DAZU SO SPÄT?
ODER BIST DU TAUB?
GESUCHT
100 GULDEN
20 GULDEN
OPFERT MEHR!

ICH BIN AUF DEM WEG ZUM PALAST.

ICH HABE BEWEISE IN EINEM FALL VON ANGEBLICHEM REBELLENTUM.
OPFERT MEHR!

SOLL ICH DICH BEGLEITEN?
NICHT NÖTIG, DANKE.

SIND DAS ALLES BEWEISE, ODER KANN ICH EINS HABEN?

EIN FEHLENDES
WIRD NICHT AUF-
FALLEN.

BIST DU JETZT TAUB
ODER NICHT? ANTWORTE!

NATÜRLICH IST SIE
NICHT TAUB! SIE HAT UNS
GEANTWORTET.
DIR SCHON,
MIR NICHT!

WENN SIE MIR ANTWORTET,
KANN SIE NICHT TAUB
SEIN, ODER?
BEI DEN SCHÖNEN BIST
DU IMMER NACHLÄSSIG!
UND DU WILLST
SIE UNBEDINGT
ABFÜHREN!
ICH WILL REBELLEN
FINDEN! DAS IST
UNSERE PFLICHT!

DEINE
NEIGUNG!
UND WAS IST
DEINE?

IHR SOLLTET EUCH AUCH
EINS GEBEN LASSEN.
DAS ENTSPANNT.

WAS?!
EIN BRÖTCHEN.
DIE SIND LECKER.

HAST DU...

WO IST SIE HIN?

ICH WUSSTE ES!
SELBER SCHULD. ICH GEB EUCH NICHTS AB.

Tock Tock

WAS WILLST DU?
Iiks

IST HIER DIE BEWEISABGABE?
NEIN, BEWEISE VERWIRREN NUR.

WIR BEFRAGEN DIE GEFANGENEN DIREKT.

GUT, DANN BIN ICH HIER RICHTIG. ICH HABE BRÖTCHEN FÜR HART ARBEITENDE BEFRAGER.

DANN IMMER HEREINSPAZIERT, SCHÖNES MÄDCHEN.

HAST DU NACH DER BRÖTCHENABGABE SCHON WAS VOR?
PALAST
TAUBEN-VERLIES
JA.

GURR GURR

DER KOT MUSS RESTLOS WEG! FALLS DER PRINZ ÜBERRASCHEND AUFTAUCHT, DARF IHM NICHTS AUF DEN KOPF FALLEN.

ABER ER KOMMT NIE.
SAUBERWISCHEN, HAB ICH GESAGT!

WAS WILLST DU HIER?

ICH HABE UM MITTERNACHT FREI.
ICH EIN ANDERMAL.

DANN HOFFE ICH DARAUF.

GURR GURR

ICH BRINGE TAUBENFUTTER. BESONDERE BRÖTCHEN, DIE VERSTOPFUNGEN VERURSACHEN. FALLS DER PRINZ KOMMT.

NICK
DAS NENN ICH MITGEDACHT. FINDEST DU DEN WEG?
JA.
UND WIEDER ZURÜCK?
NICK
AUCH.

DANN FREUE ICH MICH AUF DEINE RÜCKKEHR.

RÄUSPER

UND HÄNFLING SUCHTE SICH IHREN WEG DURCH DAS LABYRINTH. VON TAUBENWÄCHTER...
BEWEISMITTEL.

... ZU TAUBEN-WÄCHTER...
TAUBENFUTTER!
GURR GURR

... ZU TAUBEN-WÄCHTER.
BRÖTCHEN FÜR DIE BEFRAGER.

GURR GURR

REBELLEN!
ENDLICH!

DUSTER...

HIER MUSS VATER IRGENDWO SEIN!

MÄDCHEN! WAS TUST DU HIER? GEH NICHT MIT IHM ESSEN!

ÄH, WAS? NEIN, BESTIMMT NICHT.

GUT.

UND DIR, WIE GEHT'S DIR?
JA.
KANN ICH EIN BRÖTCHEN HABEN?
ICH HAB ABER KEIN GELD.
NIMM ZWEI.

BRÖTCHEN?!
KÖNNTE ICH AUCH EINS HABEN?
OH, DAS RIECHT LECKER!

PSSSCH

ICH KOMME WIEDER, WENN ICH KANN.
HABT GEDULD!

DURCHSTOCHENES TROMMELFELL
WAS WAREN DAS FÜR REBELLEN, DIE ALLES DARANSETZTEN, DASS EINE TAUBE DEM PRINZEN AUF DEN KOPF KACKTE, NUR WEIL EINE BETRUNKENE FEE DAS PROPHEZEIT HATTE?
TOD DEM KÖNIG
HOCH LEBE DIE FEE
GRAFFITI
GESICHERTE WINDEL

VATER.

HÄNFLING! WAS MACHST DU HIER?
ICH HAB DICH GESUCHT.

DU HAST GESAGT, DU LÄSST NICHT ZU, DASS IRGENDWER MIR WAS TUT.

WER TUT DIR WAS?

NIEMAND.
ABER DANN LASS ICH AUCH NICHT ZU, DASS IRGENDWER DIR WAS TUT.

ALSO, WIE KANN ICH MICH NÜTZLICH MACHEN?
GAR NICHT, DIE VERHANDLUNG WAR SCHON. ES WAREN MEINE BRÖTCHEN.

ABER DU KONNTEST DOCH NICHT WISSEN...

IM ZWEIFEL FÜR DEN KÖNIG.

UND DAS HEISST?
WENN KEIN WUNDER GESCHIEHT, HÄNGE ICH MORGEN MITTAG.

MORGEN?
JA. SAGST DU MUTTER BITTE, DASS ICH...

SAG ES IHR SELBST. ES WIRD EIN WUNDER GEBEN.

HÄNFLING! WOHIN GEHST DU?

ACHSTUBE
MICH UM EIN NÜTZLICHES WUNDER KÜMMERN.

WACH
STUBE
TSCHAK

SCHADE UM DEN BÄCKER, SEINE BRÖTCHEN WAREN HERVORRAGEND.
IST DAS DER MIT DER SCHÖNEN TOCHTER?
WACH
STUBE

GLAUB SCHON.

DAS WIRD DEM PRINZEN NICHT GEFALLEN.

NEIN. ABER NOCH IST DER KÖNIG DER KÖNIG.

NOCH? BIST DU
EIN REBELL?
HAHAHA HAHAHA HAHAHA
BIN ICH TAUB?

MMH, DER WACHT
SO SCHNELL NICHT
WIEDER AUF.
WIEDER ZU VIEL
GETRUNKEN...

MANN, DER WIRD MIT
JEDEM SUFF SCHWERER.
KEIN WUNDER, ER BRÄT
SICH DANN IMMER EIN
DUTZEND TAUBEN.

UÄH, DAS MÜSSEN
DIE TAUBEN GE-
WESEN SEIN...
BÖRG
WACH
STUBE

WOHIN DES WEGS?
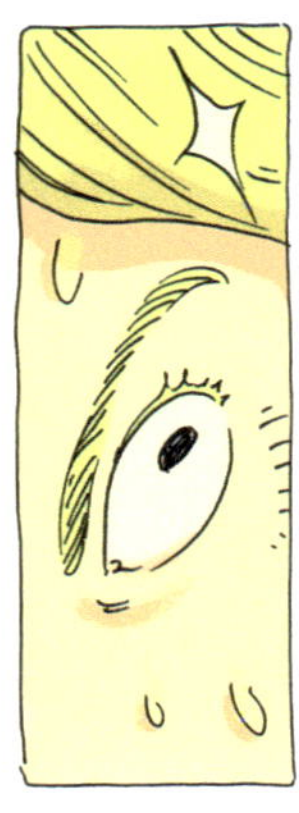

MITTERNACHTS-IMBISS FÜR DEN PRINZEN.

ACH, DER GLÜCKSPILZ.
WILLST DU AUCH EINES? EINS WENIGER FÄLLT NICHT AUF.

ICH MEINTE ZWAR NICHT DIE BRÖTCHEN, ABER GUT.

LASS ES DIR SCHMECKEN.

HALT! WAS IST MIT DER ARMBRUST?

IST KAPUTT UND MUSS ZUM KÖNIGLICHEN WAFFENSCHMIED.

ICH ERLEDIGE BEIDES.
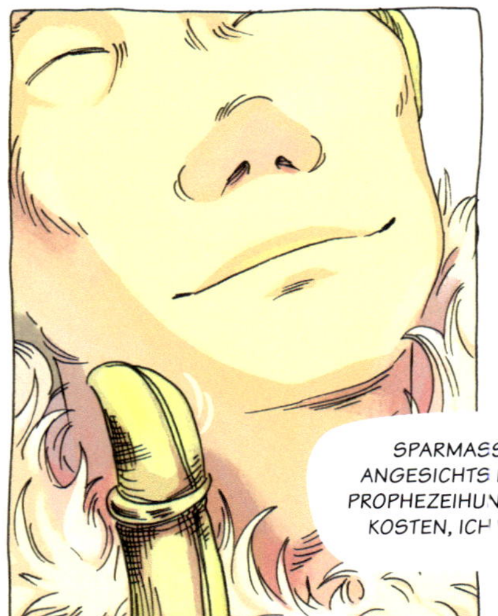

SPARMASSNAHME ANGESICHTS DER HOHEN PROPHEZEIHUNGSABWEHR-KOSTEN, ICH VERSTEHE.
DANN NOCH EINE GUTE NACHT!

DAS... IST DER PALAST!

UND SIE WARTETE BIS ZUM MORGEN.

HÄNFLING, DIE IMMER NUR NÜTZLICH SEIN WOLLTE, DIE VERGEBLICH MIT DEN FEUERMEISTERN GESPROCHEN HATTE UND DEREN VATER GRUNDLOS EINGEKERKERT WORDEN WAR, GLAUBTE NICHT AN PROPHEZEIUNGEN.
WAS FÜR EIN TOLLER TAG FÜR EINEN MORGENSPAZIERGANG!

SIE GLAUBTE DARAN, DASS MAN SICH SELBST KÜMMERN MUSSTE.

UND DESHALB LEGTE SIE AN...
TSCHAK
... ZIELTE AUF KÖNIG SIEGBARTS HERZ...

... UND SCHOSS.

HOLT EINEN ARZT!
DIE KÖNIGIN!
RIECHSALZ!
ZU SPÄT!
EINEN PRIESTER!
MAJESTÄT?
WEIN!
WASSER!
WEIL HÄNFLING TATSÄCHLICH INS HERZ GETROFFEN HATTE UND DER WAHNSINNIGE KÖNIG SIEGBART AN DEM BOLZEN RÖCHELND GESTORBEN WAR...

flirr
flirr
flirr
flirr
flirr
flirr
UND WEIL DER KÖNIG GESTORBEN WAR, LEBTEN HÄNFLINGS VATER UND VIELE ANDERE SEHR VIEL GLÜCKLICHER UND FREIER BIS AN IHR LEBENSENDE.
UND VOR ALLEM LEBTEN SIE LÄNGER.
SWEN!
HÄNFLING!
MEINETWEGEN DARFST DU DICH NÜTZLICH MACHEN, SOLANGE DU WILLST.
HEIRATE, WANN UND WEN DU WILLST.
ZUR SELBEN ZEIT IM PALAST.
ES WIRD ZEIT, DASS IHR AN EURE PFLICHTEN ALS HERRSCHER DENKT, UND HEIRATET.
HABT IHR SCHON JEMANDEN IM SINN?
OH, JA...

Die Wahrheit über
Die Schöne und die Biester

Ein Nachwort von Hofdichter
Hanns Klamm

Veröffentlichungen über die Herrschaft von König Siegbart gibt es viele, denn ereignisreich sind die Tage damals gewesen. Im Zuge der neuesten Veröffentlichung, der hier vorliegenden Bildergeschichte über den sogenannten Krieg gegen die Tauben, kamen jedoch einige haltlose Gerüchte und absurde Behauptungen in Umlauf, die zu entkräften ich, als Augen- und Ohrenzeuge der damaligen Ereignisse, gebeten wurde. Dies werde ich mit Vergnügen tun. Doch zunächst seien diese absurden Behauptungen dargelegt.

Die große Lüge

Der Autor Boris Koch versteift sich tatsächlich auf die Annahme, Figuren und Welt der ganzen Geschichte seien allein seine Erfindung, während die Zeichnerin Frauke Berger behauptet, sie habe das Aussehen der Menschen frei festgelegt, ihre Kleidung entworfen, ja, die gesamte Architektur der Königsstadt entworfen. Ausführlich geht dieses Märchen wie folgt:
Koch (der seinen Lebensunterhalt seit Jahren mit Lügengeschichten bestreitet, die er Romane nennt) bezeichnet die Lesebühne »Das StirnhirnhinterZimmer« als Ausgangspunkt des Ganzen. Diese Lesebühne will er mit seinen Lügenkollegen Christian von Aster und Markolf Hoffmann vor Jahren in einer Stadt namens Berlin gegründet haben. Allmonatlich luden die Herren ins Hinterzimmer der verrufenen Z-Bar, um Geschichten vorzutragen. Will man seine Behauptung verifizieren und einen solchen Abend besuchen, heißt es entschuldigend: »Es tut mir leid, die Lesebühne hatte nur zehn Jahre Bestand und wurde längst aufgelöst.«
Sehr bequem für ihn.
Auf die Frage, wo überhaupt dieses Berlin liegt, antwortet er ausweichend: »In einer anderen Dimension. In der, in der auch Bielefeld existiert.«
Ob man ihn dort besuchen könne, wird gefragt, und er verneint, er sei längst weggezogen. Überhaupt behauptet er einerseits, er lebe mit einer gewissen Kathleen Weise, einer anderen professionellen Lügnerin und Lügenverbesserin, und der gemeinsamen Tochter zusammen, und andererseits versichert er seit Jahren mehr oder weniger glaubhaft, er teile sich eine Wohnung mit einem Hauszombie namens Ewald. Mindestens eines davon muss nach aller Logik die Unwahrheit sein, möglicherweise auch beides, und so zeigt sich hier langsam ein Muster.

Wie auch immer, Koch will in jenem »StirnhirnhinterZimmer« eine deutlich kürzere Fassung der Geschichte vorgetragen haben, gibt jedoch zu, dass er damals Hänfling noch als Jungen gesehen und sich nur auf wenige Aspekte der Ereignisse beschränkt hat. Er sagt, die Idee musste erst wachsen, aber ich gehe davon aus, er hat einfach nur die Quellen unsauber gelesen und bei der überhasteten Ausarbeitung geschludert.
Später wurde die von ihm intensiv überarbeitete Geschichte dann in der Märchenanthologie »Von Fuchsgeistern und Wunderlampen« veröffentlicht, herausgegeben von Christian Handel (wohnhaft in Berlin...), erschienen im Drachenmond Verlag. In dieser Fassung ist Hänfling dann ein Mädchen und die Handlung deutlich ausführlicher, obwohl sich gerade gegen Ende historische Unsauberkeiten eingeschlichen haben und Hänflings Weg durch das Taubenlabyrinth völlig unter den Tisch fiel.

Frauke Berger, die Koch an einem diffusen, Leipziger Buchmesse titulierten Ort kennenlernte, zeichnet verantwortlich für die visuelle Umsetzung in der vorliegenden Ausgabe, und es war ihr Vorschlag, diese unterschlagenen Passagen einzufügen.

Was im ersten Moment löblich erscheint, geschah letztlich jedoch aus rein selbstsüchtigen Motiven: Berger fühlte sich nicht etwa der Wahrheit verpflichtet, sondern fand es lediglich optisch spannender, das anfangs angesprochene Labyrinth auch tatsächlich zu zeigen.

Natürlich ist die Entscheidung der beiden, eine einfache Bäckerstochter ins Zentrum des Geschehens zu rücken, fragwürdig, werden so doch wichtige Details des Geschehens am Hof unterschlagen, wie etwa die Entdeckung der »Taubeneiformel« durch den Hofmathematiker Leonardo Radiks, der Vortrag »Die Kunst des Kriegens« von Vulpes von der Weide oder auch der erste Vortrag meiner Hymne auf die Freiheitsfackel »Alle Vögel sind schon gar«.
Das alles war natürlich historisch bedeutsamer als die naiven Gedanken des aufsässigen Mädchens, aber gut. Wenigstens haben sie nicht wieder einen Jungen aus ihr gemacht.

Doch ist die Entscheidung, Hänfling ins Zentrum zu rücken, lediglich fragwürdig, so ist dagegen die Behauptung, das alles sei die Erfindung der beiden, eine einzige Frechheit. Dadurch negieren sie unser aller Existenz und geben unser Handeln als ihre Ideen aus, die Arbeit unserer Schneider und Frisöre als ihr Design, um nur ein Beispiel zu nennen. Auf den folgenden Seiten präsentiere ich Ihnen zahlreiche Beweise, die belegen, wo die beiden sich schamlos bedient haben, ohne unsere Urheberschaft anzuerkennen.

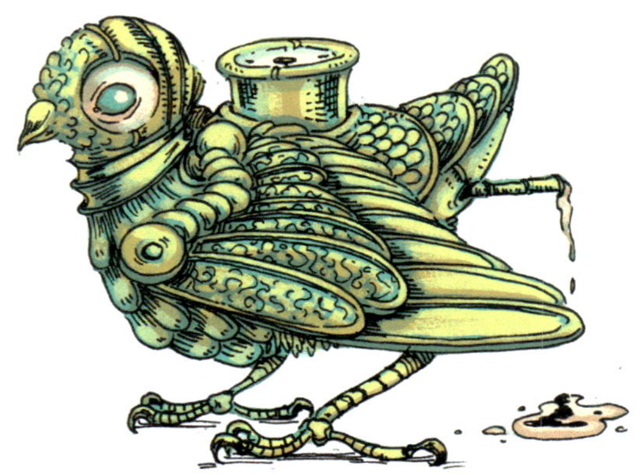

Dreister Ideenklau und weitere Lügen

Zunächst möchte ich noch einmal darauf hinweisen, dass Koch der notorischen Lügerei verdächtig ist, während Berger in ihren ersten beiden Werken den Beweis antrat, vornehmlich die Farbe *Grün* zu beherrschen. Alle anderen Farben aus *Die Schöne und die Biester* muss sie sich folglich von einem anderen angeeignet haben.
Wo aber haben sie sich konkret bedient?

Die Brötchen der hier abgebildeten Bäckerfamilie Thalheimer sind in der Tat so ausgezeichnet, wie es die Bildergeschichte behauptet. Gern hätte ich das Rezept hier abgedruckt, um jeder Leserin und jedem Leser die Möglichkeit zu geben, sich selbst davon zu überzeugen, doch liegen die Rechte daran bei der Bäckerei Thalheimer, die mir untersagt hat, ihr Geheimrezept öffentlich zu machen. Und im Unterschied zu Berger und Koch achte ich ja das Urheberrecht.

Bergers erster Versuch, kein Grün zu verwenden, wie er mir von ihrem Grün-Entzugshelfer zugespielt wurde. Intention sei immer gewesen, sich zukünftig auch vierfarbige Ideen anderer aneignen zu können, wie der Entzugshelfer, der nicht namentlich genannt werden will, gegen eine kleine Aufwandsentschädigung versicherte.
Am Rande: Koch hat das Brötchen, das hier so fröhlich aus Hänflings Korb hüpft, sofort an sich gebracht und gegessen, anstatt es zurückzugeben oder zu bezahlen.

Diese Skizzen stammen aus den Aufzeichnungen der Hofschneiderin Augustina von Naht und zeigen ihre Entwürfe für das Ensemble zum 16. Geburtstag von Prinz Castelljan. Der Prinz entschied sich in Wahrheit für das Ensemble oben links, und Berger klaute die Entwürfe unten rechts. Ein raffinierter Zug, die Herkunft ihrer Ideen zu verschleiern, doch es ist und bleibt Diebstahl am geistigen Eigentum von Freifrau von Naht. Die Rechte an den Schnittmustern liegen seit ihrem Tod bei ihrem Sohn August, der mit meiner Enkelin verheiratet ist (ohne Ehevertrag), aber das hat nichts mit meinen gründlich untermauerten Anschuldigungen zu tun.

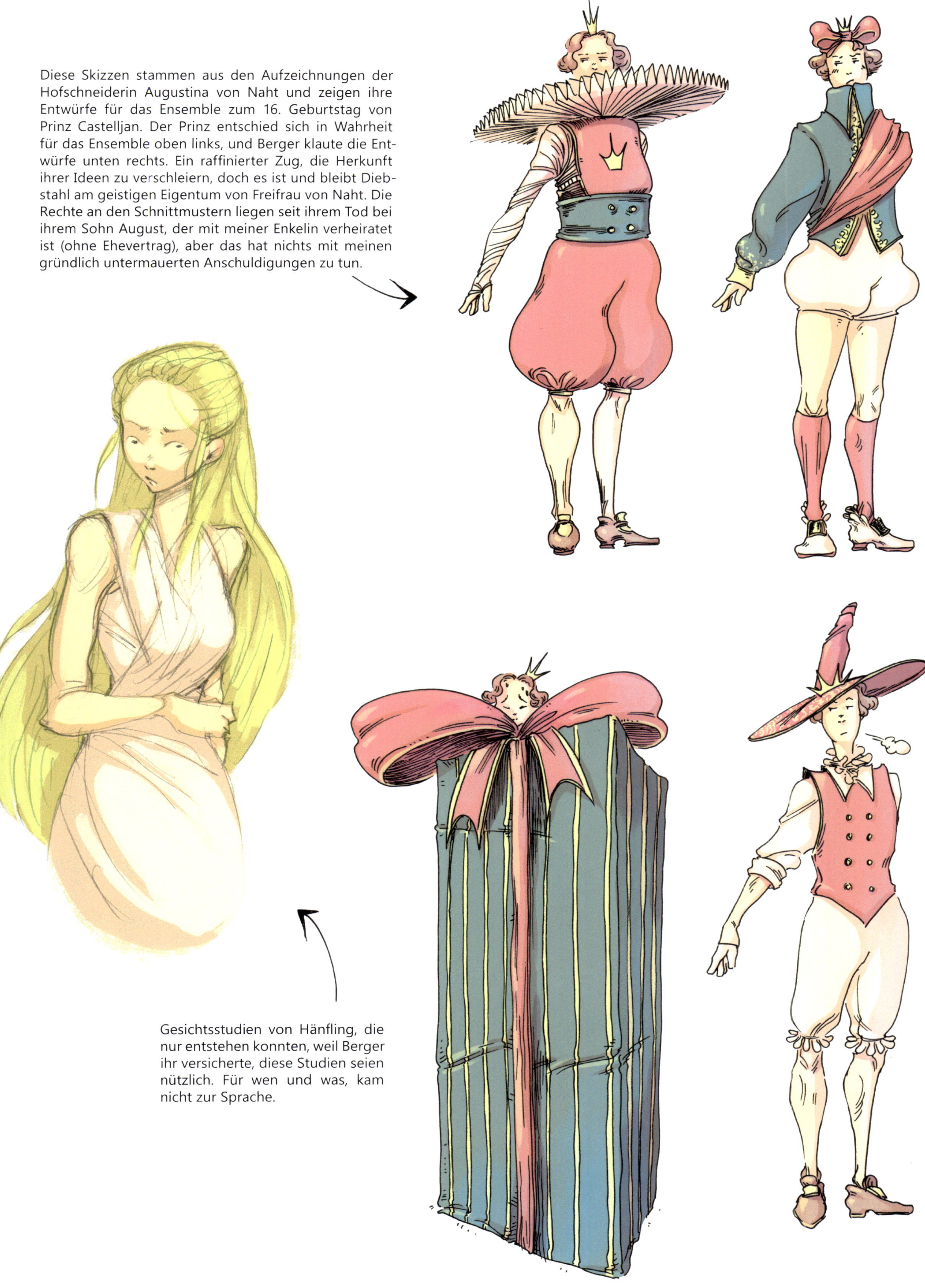

Gesichtsstudien von Hänfling, die nur entstehen konnten, weil Berger ihr versicherte, diese Studien seien nützlich. Für wen und was, kam nicht zur Sprache.

Die Wächter der Freiheitsfackel Rachjan, Simitah und Haukoan posierten für Berger, nachdem Koch ihnen das Märchen aufgetischt hatte, der König wolle ein Gemälde der neuen Uniformen im Warteraum der Gästetoilette aufhängen. Während Rachjan und Simitah die Ehre deutlich anzusehen ist, muss Haukoan gerade dringend selbst. Für die Ehre, im königlichen Warteraum zu hängen, riss er sich zusammen, so lange er konnte. Aber Berger, deren einzige Intention es war, Designs zu stehlen, zeichnete zu langsam. Haukoan wurde zum Gespött seiner Kameraden und ist denkbar schlecht auf Berger zu sprechen, will sich aber an Koch rächen, weil er keine Frauen schlägt.

Koch behauptet gern, der Spruch stamme von einem Berliner Bürgermeister, und Koch habe sich damals darüber zugleich amüsiert und geärgert. Aber wie oben schon erwähnt: Dieses Berlin ist reine Fiktion und existiert – anders als Bielefeld, der Sitz des Splitter-Verlags – überhaupt nicht. Dieses Schild dagegen wurde jahrelang stolz vom »Hutsammler« zum Betteln genutzt, bis es ihm gestohlen wurde, während er für Berger posierte. Der Verdacht, es sei Koch gewesen, liegt nahe, doch es gibt keine Beweise.

Was die zwielichtige Bastmattenverkäuferin Serva Kreuzer in Bergers Notizen verloren hat, ist rätselhaft, wahrscheinlich war Berger nur von der grünen Haarfarbe angetan. Noch rätselhafter ist, wie Berger sie in der Bildergeschichte zum politischen Berater Vulpes von der Weide machen konnte. Eine plumpe Verwechslung oder doch eher hinterhältige Provokation von Berger und Koch, die nicht als Monarchisten bekannt sind?

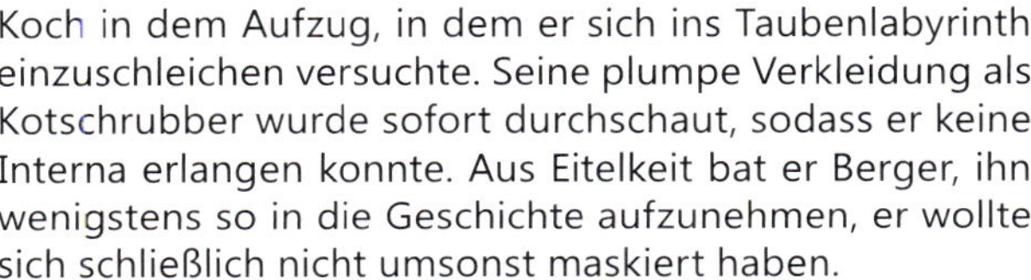

Koch in dem Aufzug, in dem er sich ins Taubenlabyrinth einzuschleichen versuchte. Seine plumpe Verkleidung als Kotschrubber wurde sofort durchschaut, sodass er keine Interna erlangen konnte. Aus Eitelkeit bat er Berger, ihn wenigstens so in die Geschichte aufzunehmen, er wollte sich schließlich nicht umsonst maskiert haben.

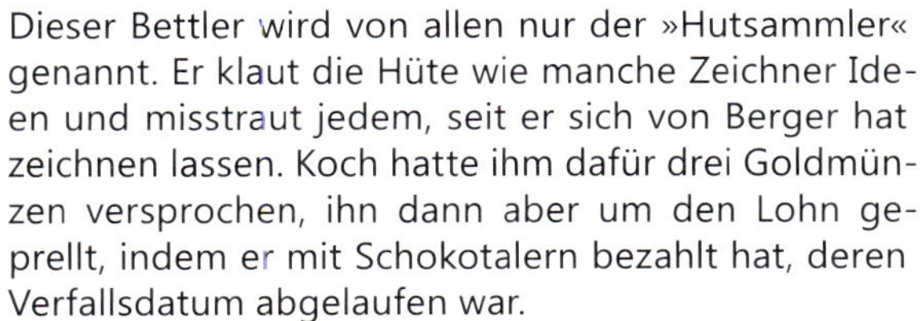

Dieser Bettler wird von allen nur der »Hutsammler« genannt. Er klaut die Hüte wie manche Zeichner Ideen und misstraut jedem, seit er sich von Berger hat zeichnen lassen. Koch hatte ihm dafür drei Goldmünzen versprochen, ihn dann aber um den Lohn geprellt, indem er mit Schokotalern bezahlt hat, deren Verfallsdatum abgelaufen war.
Wer ist so hinterhältig, einen Bettler zu betrügen? Und wie kommt irgendwer auf die Idee, zerrissene Kleidung als Design auszugeben?

Die offiziellen Hochzeitsbilder der acht Gattinnen König Siegbarts. Der König hat die Bilder nach der jeweiligen Scheidung aus dem Palast werfen lassen, das Bild von Königin Lilijana, Mutter von Prinz Castelljan, aus Gewohnheit oder Versehen gleich mit. Berger fand die Bilder in einem alten Gärtnerschuppen und hat versucht, den Hintergrund grün zu färben, um die Gemälde so für sich zu beanspruchen, und damit das Design der herrlichen Kleider. Doch dank des Grün-Entzugs ist ihr die Farbmischung missglückt, und der Betrug fiel auf.

Bei diesen hohen Plateaus handelt es sich eigentlich um Gussformen für Schlittschuhkuven, und der angebliche Taubenkotschirm ist in Wahrheit ein gewöhnlicher Schneeschirm, was Berger bei sauberer Recherche herausgefunden hätte. Aber die Ahnungslosigkeit und Fixierung des Duos auf Taubenkacke sorgte für die diffamierende Fehlinterpretation der beiden Dinge. Dass der junge Mann kurze Hosen und ein dazu passendes Hemd trägt, bedeutet nicht, dass es kein Winterschirm sein kann.

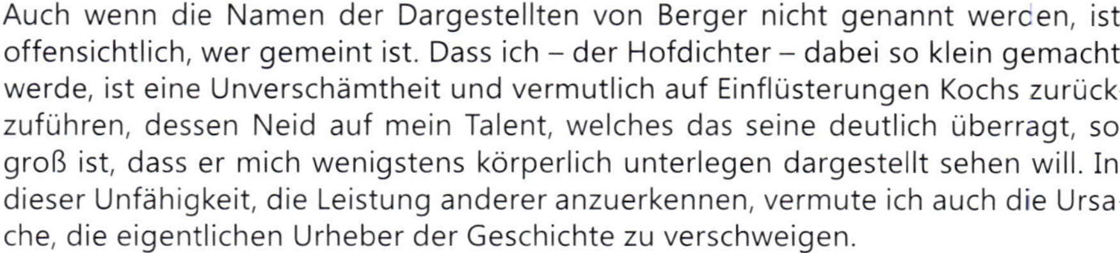

Auch wenn die Namen der Dargestellten von Berger nicht genannt werden, ist offensichtlich, wer gemeint ist. Dass ich – der Hofdichter – dabei so klein gemacht werde, ist eine Unverschämtheit und vermutlich auf Einflüsterungen Kochs zurückzuführen, dessen Neid auf mein Talent, welches das seine deutlich überragt, so groß ist, dass er mich wenigstens körperlich unterlegen dargestellt sehen will. In dieser Unfähigkeit, die Leistung anderer anzuerkennen, vermute ich auch die Ursache, die eigentlichen Urheber der Geschichte zu verschweigen.

Eine junge Schönheit wie Hänfling zur Heldin zu machen anstatt die drei verdienten Herren aus dem Bild in der Mitte links, ist rein finanziell motiviert, denn natürlich verkaufen sich die Bilder attraktiver Frauen besser. Ich muss es wissen, habe ich für die Anzeigen auf der nächsten Seite doch 10 % mehr bekommen, als ich versicherte, dieses Bild hier abzudrucken.

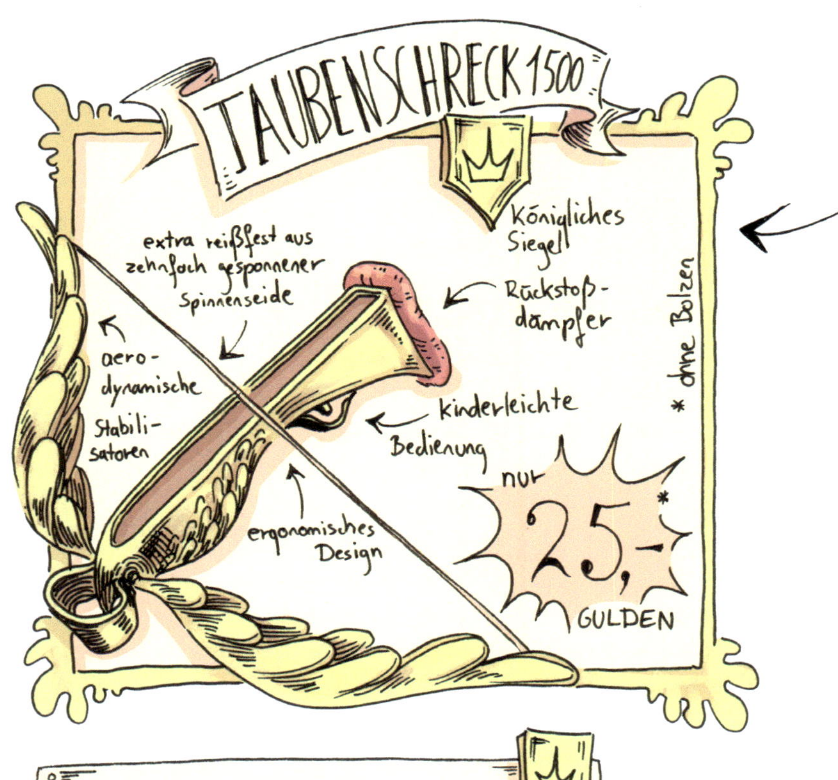

Diese im Königreich weit verbreitete Anzeige beweist, dass derartige Armbrüste zur Taubenjagd tatsächlich verkauft wurden und keine neue Idee von Koch & Berger sind. Gerade das Design weist frappierende Überschneidungen auf.

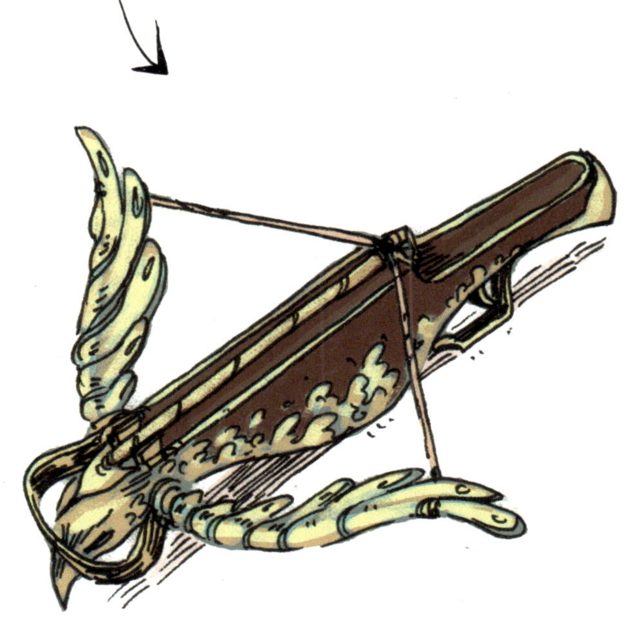

Das sind keine Beweismittel. Diese Anzeigen dienen lediglich der Finanzierung dieses Nachworts.

Zuletzt sei noch darauf hingewiesen, dass Koch und Berger weder den Namen unseres Landes nennen noch den der Königsstadt. Dies ist aus meiner Sicht ein weiterer Versuch, die wahre Herkunft der Geschichte zu verschleiern. Während verschiedene Versuche, Falsches und Unwahres als Tatsachen darzustellen, weithin bekannt und verbreitet sind, handelt es sich bei *Die Schöne und die Biester* um den Versuch, das wahre Leben als erfundene Geschichte und Märchen auszugeben. Ob aus notorischer Geltungsgier oder kalter Profitsucht kann nicht abschließend beurteilt werden. Aber dank meiner Ausführung sollte es wenigstens gelungen sein, die Wahrheit ans Licht zu bringen, uns Verleumdeten die nötige Geltung zu verschaffen und die eigentlichen Urheber (wie den Mann meiner Enkelin, was aber nichts mit meinen Motiven zu tun hat, dieses Nachwort zu verfassen) an den Tantiemen zu beteiligen. Ein Hoch auf die Wahrheit, ein Hoch auf König Castelljan.

Hanns Klamm, der berühmte Hofdichter König Siegbarts, wurde im Jahr seiner Geburt geboren und lebt seitdem im Königreich. Er war mehrmals verheiratet und noch öfter nicht. Hatte einen Hund, den er selbst zur Taubenjagd abrichtete, und der sich an einer mechanischen Taube die Zähne ausbiss – wortwörtlich.
Zu Klamms bekanntesten Werken gehört die große Hymne »Alle Vögel sind schon gar«, der Lyrikband »Zahnloser Hund – Betrachtungen eines Betrachteten« und die fünfbändige Autobiografie »Ich am Hof und im Palastgarten – ein Dichterleben«. Treuer Untertan, schneller Reimer und Wörterschmied ohne Amboss – was auch immer das bedeuten mag.

FREIHEITSFACKEL
BETTLERBEZIRK
STADT-TOR
PLATZ DER FREIHEIT